JIEGOUHUA RONGZI GONGJU ANLI FENXI

结构化融资工具案例分析

刘喜和　编著

上海大学出版社
·上海·

图书在版编目(CIP)数据

结构化融资工具案例分析 / 刘喜和编著. —上海：上海大学出版社，2020.12(2021.10重印)
 ISBN 978-7-5671-4143-8

Ⅰ.①结… Ⅱ.①刘… Ⅲ.①融资—案例—高等学校—教材 Ⅳ.①F830.45

中国版本图书馆CIP数据核字(2020)第258349号

责任编辑　刘　强
封面设计　柯国富
技术编辑　金　鑫　钱宇坤

结构化融资工具案例分析

刘喜和　编著

上海大学出版社出版发行
(上海市上大路99号　邮政编码200444)
(http://www.shupress.cn　发行热线021-66135112)
出版人　戴骏豪

＊

南京展望文化发展有限公司排版
江苏凤凰数码印务有限公司印刷　各地新华书店经销
开本787mm×960mm　1/16　印张9　字数143千
2020年12月第1版　2021年10月第2次印刷
ISBN 978-7-5671-4143-8/F·202　定价 32.00元

版权所有　侵权必究
如发现本书有印装质量问题请与印刷厂质量科联系
联系电话：025-57718474

前　言

　　结构化金融工具是现代金融创新的产物。它使金融机构或相关经济主体在更大空间维度内优化自身的资产负债结构，也向金融市场提供了多元化的结构性资产供给，增强了金融市场的运行效率。本书精选国内外金融机构开发的具有典型意义的结构化金融工具，包含信贷衍生工具、典型的资产证券化工具、典型的结构化融资工具等，详细介绍其理论内涵、设计思想和操作流程，便于读者深刻理解结构化金融工具的精髓，提升具体操作技能。各章节的具体内容如下：

　　第一章简要介绍了资产证券化的基本结构，以海印信托受益权资产证券化为例，分析了资产证券化的交易结构和SPV的设立问题。

　　第二章介绍了整体业务资产证券化和PPP项目资产证券化的基本操作模式，分析了棚改项目、华能澜沧江水电项目和北京首创项目资产证券化的案例。

　　第三章介绍了动态资产池资产证券化的基本逻辑和结构，并以永盈、招商银行信用卡消费信贷资产证券化为例，详细介绍了动态资产池证券化的法律和会计处理问题。

　　第四章介绍了租赁资产证券化的结构要素、运作流程和现金流分配等结构性问题，并以远东租赁收益专项资管计划和天津自贸区租赁资产证券化为例，分析其法律和相关的财务问题。

结构化融资工具案例分析

　　第五章以开元信贷资产证券化为例,介绍了现金流型的 CDO 交易结构、产品特征,并具体分析了存在的法律和会计处理问题。

　　第六章介绍了合成 CDO 的两种类型,即信贷违约互换 CDS 和信贷连接票据 CLN,详细讲解了其中的法律和财务处理问题。

　　本书编写过程中,吴欣洋在第一章、杨汉枫在第二章和第三章、毛振在第四章、李玥在第五章、宋佳韩在第六章,参与了相关资料的收集和整理工作。全书由上海大学经济学院刘喜和统稿。

　　本书可用作本科生和研究生结构化金融工具课程教材及证券投资学等课程的补充教材,也适用于金融业从业人员自学和查阅。

目 录

第一章 非标资产证券化 / 1

1.1 非标资产的介绍 / 1
  1.1.1 非标资产的定义和产生 / 1
  1.1.2 对非标资产进行金融监管的历程 / 2
  1.1.3 非标资产的交易结构 / 4
  1.1.4 非标资产规模迅速扩大的隐患 / 8

1.2 资产证券化 / 10
  1.2.1 对资产证券化的简要介绍 / 10
  1.2.2 非标资产转标的可行途径 / 13

1.3 非标资产证券化案例分析 / 15
  1.3.1 海印股份信托受益权资产证券化 / 15
  1.3.2 关于交易结构中的 SPV 设立问题 / 19

1.4 对于交易结构的再设计 / 22
  1.4.1 资产池的概况描述 / 22
  1.4.2 交易结构介绍 / 22

第二章 整体业务证券化 / 24

2.1 整体业务证券化简介 / 24
  2.1.1 含义 / 24
  2.1.2 基本特征 / 24

2.2 PPP 项目资产证券化 / 25
  2.2.1 公司证券化的基础 / 25
  2.2.2 PPP 项目资产证券化 / 27
2.3 案例分析 / 33
  2.3.1 资产证券化在棚改当中的应用 / 33
  2.3.2 华能澜沧江水电收益案例 / 37
  2.3.3 总结 / 39
2.4 北京首创资产证券化方案设计 / 43
  2.4.1 公司简介 / 43
  2.4.2 业务流程 / 45
  2.4.3 创建风险隔离机制 / 46
  2.4.4 资产的信用评级与增级 / 46

第三章　动态资产池资产证券化 / 49

3.1 动态资产池 / 49
  3.1.1 定义 / 49
  3.1.2 特点 / 50
  3.1.3 动态资产池中基础资产的特点 / 50
3.2 如何资产证券化 / 51
  3.2.1 主要参与主体 / 51
  3.2.2 基础资产的选择 / 52
  3.2.3 SPV 的设立 / 52
  3.2.4 信用增级的方式 / 52
  3.2.5 持续购买 / 53
3.3 案例分析 / 54
  3.3.1 资产证券化的过程 / 54
  3.3.2 法律问题 / 63
  3.3.3 会计处理 / 66
3.4 设计案例 / 68
  3.4.1 现金流结构设计 / 70

  3.4.2 方案设计流程 / 71

第四章 租赁资产证券化 / 74
 4.1 租赁资产证券化方案设计 / 74
  4.1.1 租赁资产证券化的参与要素 / 74
  4.1.2 租赁资产证券化的运作流程 / 75
  4.1.3 现金流分配 / 77
 4.2 专项计划的其他详细安排 / 80
  4.2.1 资产买卖协议摘要 / 80
  4.2.2 服务协议摘要 / 83
  4.2.3 托管协议摘要 / 85
 4.3 租赁资产证券化中存在的会计和法律问题——以"远东首期租赁收益专项资管计划"为例 / 88
  4.3.1 远东首期租赁收益专项资管计划简介 / 88
  4.3.2 会计处理 / 89
  4.3.3 法律问题 / 92
 4.4 杠杆租赁资产证券化简介——对天津自贸区进行杠杆租赁资产证券化的可行性 / 95
  4.4.1 杠杆租赁资产证券化简介 / 95
  4.4.2 对天津自贸区进行杠杆租赁资产证券化的可行性 / 98

第五章 抵押债务债券 / 101
 5.1 抵押债券的介绍 / 101
  5.1.1 抵押债务债券的定义及产生 / 101
  5.1.2 抵押债务债券的发行 / 102
  5.1.3 抵押债务债券的主要类型 / 103
 5.2 现金流型CDO的交易结构安排 / 104
  5.2.1 现金流型CDO的交易结构 / 104
  5.2.2 信用保护机制 / 105
  5.2.3 质量测试 / 106

5.2.4 现金流型 CDO 的利息现金流分配 / 107
5.2.5 CDO 各层债券的收益 / 108
5.3 国内现金流型 CDO 的实践 / 110
5.3.1 2005 年第一期开元信贷资产支持证券交易结构安排 / 110
5.3.2 2005 年第一期开元信贷资产支持证券的产品特征 / 111
5.3.3 2006 开元一期的交易结构概况 / 117
5.4 Jubilee 现金流型 CLO 案例 / 118
5.4.1 背景介绍 / 118
5.4.2 基础资产 / 118
5.4.3 交易证券内容与结构 / 119
5.4.4 交易分析 / 119

第六章 合成 CDO / 121
6.1 信贷违约互换 CDS / 121
6.1.1 信贷违约互换概述 / 121
6.1.2 信贷违约互换设计 / 124
6.2 信用联结票据 CLN / 127
6.2.1 信用联结票据概述 / 127
6.2.2 操作实例 / 127
6.3 会计问题 / 130
6.4 法律问题 / 132

附录 图表目录 / 134
图目录 / 134
表目录 / 135

第一章 非标资产证券化

1.1 非标资产的介绍

1.1.1 非标资产的定义和产生

非标资产是非标准化债权资产的简称,最早的存在形式有信托受益权、信托贷款和信贷资产,但其存在形式一直不断变换,因此在很长的一段时间里非标资产并没有一个准确的定义。直到 2013 年 3 月,银监会发布了《关于规范商业银行理财业务投资运作有关问题的通知》,即业内俗称的 8 号文后,非标资产才有了清晰的界定:"未在银行间市场及证券交易所市场交易的债权性资产,包括但不限于信贷资产、信托贷款、委托债权、承兑汇票、信用证、应收账款、各类受(收)益权、带回购条款的股权性融资等。"

非标资产的产生与当时的经济和金融形势有着密切的关系,是在客观的历史背景下金融机构的一项创新之举。2011 年以来,随着通货膨胀和房价持续上涨,央行开始实行紧缩性信贷政策。M2 同比增速从 29% 降至 15% 左右,各项贷款同比增速从 30% 降至 17% 左右,同时对房地产、地方融资平台和产能过剩行业采取严格的信贷管制政策。受此影响,信贷需求旺盛而各行普遍信贷紧张,股份制银行存贷比普遍在 70% 以上、信贷额度不足,通过非标业务绕开信贷控制吸引力巨大。具体来说是一些银行为了逃避存贷比监管、资本充足率约束、信贷规模和信贷产业政策的控制,出于逐利的需求创新业务模式。其本质在于通过各类非正规融资方式逐步实现替代存款,并以银行贷款以外的方式对融资客户进行类贷款业务。最初的非标准化债权资产形态非常简单,一些商业银行由于缺乏给合作客户发放贷款的贷款额度,创新推出了信贷资产理财产品,即通过将信贷资产打包转让给理财产品或者理财产品资金直接发放信托贷款的形式实现贷款出表,从而规避贷款额度的监管要求。同时银行的资产结构因利率市场化的推进发生了重大变化,因此非标准化债权资产获得快速增长,为了规避银监会的监管,在交易模式上也不断复杂化。截至 2012 年末,信托贷款、委托贷款和未贴现汇票等非标准化债权资产在融资总量中占比达到 23%。其中信托贷款在 2012 年激增,信托贷款规模从一年前的 2 000 亿元翻了约 6 倍至 1.3 万亿元,占全社会融资比重从 1.6% 增至 8.1%。2013 年,商业银行对利率债券的偏好日益下降,不断追逐非标准化债权资产,至 2013 年 6 月末,银行非标准化债权资产余额达到 2.78 万亿元。

我国非标资产在 2009 年得到迅速发展,究其原因是由于我国是一个依靠投资拉动经济增长的国家,在 2008 年至 2009 年,为应对全球危机而推出的 4 万亿元救市以及后续宽松的货币刺激政策令信贷规模快速扩张。但是在随后的信贷紧缩中,由于很多投资建设并没有完工,仍旧对资金需求旺盛,但正规信贷受限于信贷规模控制、资本消耗、存贷比等监管政策,难以满足市场的资金需求,于是产生了信贷体系以外的资金融通活动,银行通过银信、银证等合作把贷款转出表外,使得委托债权、承兑汇票、信用证等银行表外业务异常活跃。因此,非标金融产品是迎合实体经济融资需求、金融体系不够健全完善、规避金融监管政策规定等因素综合作用的特定产物。

1.1.2 对非标资产进行金融监管的历程

由于非标资产的类贷款性质削弱了金融体系的稳定性,导致风险积聚,因此银监会不断对非标资产做出规范。

2010 年 8 月,银监会发布《关于规范银信理财合作业务有关事项的通知》

的 72 号文,其中对银信合作产品做了限制规定,要求产品的期限不得低于 1 年且不得为开放式,投向上也不可以是非上市公司股权。更为严格的限制是,融资类业务占银信合作比例不得高于 30%,并且银信表外资产要在 2 年内转为表内资产,从而极大地限制了银信理财业务规模。

2013 年 3 月,银监会发布《关于规范商业银行理财业务投资运作有关问题的通知》的 8 号文,提出商业银行的理财资金投资非标的余额在任何时点均以理财产品余额的 35%与商业银行上一年度审计报告披露总资产的 4%之间孰低者为上限,并且明确了非标准化债权资产的定义,还要求"如果不按通知的要求管理非标债权投资,银行不能继续做新的业务,整改不到位的存量投资也要占用银行的资本"。在 8 号文后,多家银行为满足监管检查的要求,对资产池进行了拆分。但由于资产池的拆分不仅涉及前台记账,而且涉及核心系统建设、关联交易定价、托管账户拆分等多方面的问题,银行大多采取了账面拆分的方法。物理账户依然是原有资产池和资金池的账户,但该账户进行了进一步拆分,设立了多个虚拟账户。银行通过此途径满足了监管部门对三张报表定期上报的监管要求,但多个产品间的损益,依然可以通过关联交易的途径进行内部转移。在当前银行理财产品的模式下,8 号文限制了风险在银行系统中通过理财渠道积累的速度,尽管其拥有透明化和规范化的初衷,但由于收益率模式下理财产品所特有的兑付特征,8 号文并没有完全达到监管的目的。

2014 年 1 月,国务院办公厅发布《关于加强影子银行监管有关问题的通知》的 107 号文对影子银行业务进行界定,对信托、理财进行整治,并明确商业银行不得开展理财资金池,信托公司不得开展非标准化理财资金池。

2014 年 4 月,银监会发布《关于加强农村中小金融机构非标准化债权资产投资业务监管有关事项的通知》的 11 号文,加强对农村中小金融机构非标投资的监管,而且 11 号文的监管异常严厉,不仅规定"非标资产投资总余额(理财资金加自有和同业资金投资)不得高于上一年审计报告披露总资产的 4%,以理财资金投资非标资产的,原则上应该满足监管评级的二级(含)以上",而且还规定以"自有或者同业资金投资非标资产的,原则上应该满足监管评级二级(含)以上且资产规模在 200 亿元(含)以上,业务规模不得超过本行同业负债的 30%",最后还对非标投向做出了限制——"只能用于支农支小,不得投资政府融资平台、房地产(保障房除外)和'两高一剩'行业项目或产品,也不得投资带回购条款的股权性融资项目或产品"。

2014年5月,人民银行、银监会、证监会、保监会、外汇局联合印发《关于规范金融机构同业业务的通知》的127号文,逐项界定并规范了同业拆借、同业存款、同业借款、同业代付、买入返售(卖出回购)等同业投融资业务,要求"金融机构开展的以投融资为核心的同业业务,应当按照各项交易的业务实质归入上述基本类型,并针对不同类型同业业务实施分类管理"。127号文各条内容中最值得注意的是指出"买入返售业务项下的金融资产应当为银行承兑汇票、债券、央票等在银行间市场、证券交易所市场交易的具有合理公允价值和较高流动性的金融资产"。非标资产因此被排除在外。同时要求"买入返售和同业投资业务,不得接受和提供任何直接或间接、显性或隐性的第三方金融机构信用担保,国家另有规定的除外"。

在127号文出台前,同业业务通过票据、信托受益权、存单质押等资产的买入返售,以绕开监管为目的,将大量资金投向以房地产、地方政府融资平台以及其他监管限制的行业,以获得高额回报。但是,随之而生的各类隐性担保、期限错配埋藏了巨大的系统性信用风险隐患,并成为2013年"钱荒"的根本原因之一,最终引发了银监会对同业业务的清理规范。在127号文和《关于规范商业银行同业业务治理的通知》出台以后,旧模式下的同业业务规模明显下降,同业业务的利润贡献也明显收缩。同业资产的调整主要以压缩买入返售资产和减少同业存放款为主,降低非标资产持有规模;部分买入返售项下的类信贷资产被放入投资科目的应收款项投资项下。随着监管层监管力度的不断加大,同业项下的非标资产规模将持续下降,企业的融资需求可能转向传统融资渠道。而随着资产证券化的快速发展,同业资产中的"非标资产"将由资产证券化等标准产品替代。

1.1.3 非标资产的交易结构[①]

1. 银信合作模式

非标资产的交易结构最初很简单,即通过银信合作。据不完全统计,2009

[①] 闫照军、贺兆:《商业银行信托受益权买入返售类业务发展调查》,《甘肃金融》2014年第5期。

年9月末,银信合作的业务余额约为5900亿元,而截至2010年4月末,银信合作的业务规模达到1.88万亿元,在半年多的时间内,银信合作业务余额成倍增长,实现"井喷"式发展。在监管薄弱的情况下,银行直接与信托公司合作,通过发行理财产品直接对接信托计划,这种方式简单直接,投资效率高。交易结构如图1-1所示:

图1-1　银信合作模式交易结构1

银行将信托公司信托计划通过理财产品的形式销售给投资者,获取资金,实质上是将银行贷款打包切分,销售给投资者。信托公司一般可以获得通道收益。投资者获得高于同期银行存款的利息收入。商业银行在不动用自身存款、不增加风险资产的情况下,利用其信用,发挥了担保或隐性担保的作用。筹得资金被注入实体经济中,变相地实现了信贷的作用。

72号文的下发限制了银信合作,在之前的基础上交易方式发生了变化。这时的交易结构如图1-2所示:

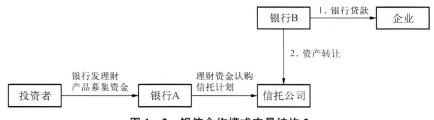

图1-2　银信合作模式交易结构2

这种模式下银行A发行理财产品募集资金,投资者通过银行渠道进行购买,之后银行借助信托公司渠道,以理财资金认购信托公司的理财计划。信托公司利用理财资金购买银行B的资产,而银行B的资产是其对企业发放的贷款。通过贷款的转让,信托公司取得对企业的债权,间接完成对企业的放款。这种模式中,银行A是核心主导者,由其组织寻找投资者、企业,并寻求信托公司提供渠道,沟通银行B与企业间的贷款事宜,间接实现对企业的放贷。此种模式加长了银行A和需要贷款企业的链条,资金流向更加隐蔽。

此外还有通过过桥企业进行受益权转让的模式,这种模式从表面上看,银行和信托公司没有直接接触,银行和信托公司没有关系,理财资金购买的产品不是信托计划产品而是收益权,隐藏了银信合作的本质。银行理财资金直接投资过桥企业转投信托公司,也可以避开72号文的监管。这种交易结构如图1-3所示:

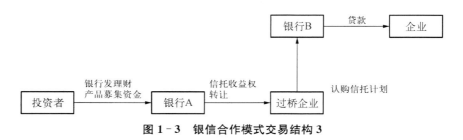

图1-3 银信合作模式交易结构3

这种模式中银行发行理财产品募集资金,投资者通过银行渠道进行购买,之后银行通过信托收益权转让的方式,用理财资金从过桥企业买入信托收益权。过桥企业用资金认购信托公司的理财计划,而信托公司理财计划通过贷款的方式发放到企业。这种模式中,银行是核心主导者,其余四方都是在银行的组织和安排下进行融资活动的。

2. 银证合作模式

该模式的产生主要是由于72号文的发布限制了银信理财的快速发展。受政策影响,在信托通道难以持续的情况下,券商通道开始兴起,银证合作业务一时间在各大银行迅速展开。2012年,以银证合作为代表的定向资产管理业务在一年多的时间内,资管规模从0.28亿元激增至2万亿元。

3. 同业业务模式

该业务模式从2013年开始,当时8号文已经发布,对商业银行理财业务进行了规范,此时业务模式为买入返售。通过同业业务,绕过商业银行理财中非标的规定,将非标资产转到同业资产中。因此,买入返售成为同业发展的重要部分。关于信托受益权的买入返售有很多形式,其本质依旧是银信合作。三方协议模式是最标准的信托受益权买入返售合作模式,之后的很多模式都是在该框架上演变而来的。三方协议的交易结构如图1-4所示:

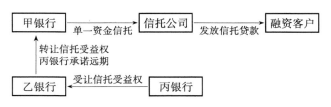

图1-4 同业业务模式交易结构1

在该模式中,甲银行和信托公司一样,仅仅是充当了过桥和通道的作用,通过它产生了信托受益权,因此,除了银行可充当甲方外,也可以是券商、基金子公司、财务公司、资金充裕的企业等。该模式中,丙银行其实是融资客户的授信银行,同时也是风险的真正承担方。乙银行作为实际出资方,以自有或同业资金受让了甲银行的信托受益权,关键仍然在于丙银行承诺在信托计划到期前无条件购买乙银行从甲银行受让的信托受益权。在这种多方合作框架下,信托公司和甲银行主要赚取通道费用,乙银行获取利差收入,丙银行的收入则大多以财务顾问费的名义实现,但一层层的融资成本归根结底均由融资客户承担。

该模式迅速发展的原因:一是由于该资产不受75%存贷比上限、信贷规模和信贷投向的严格限制,成为部分银行规避信贷监管的工具。二是能够进行资本套利。根据《商业银行资本管理办法(试行)》规定,同业业务的风险权重为3个月以内20%、3个月以上25%,而贷款业务的风险权重为100%,两者最低也相差75%,在商业银行资本充足率普遍压力较大的背景下,可以通过非标业务进行资本套利。三是不受存款及准备金限制,银行业务可以进行规模扩张。银行受利率市场化因素导致存款加速分流、存款准备金率高居不下、资金来源受限的影响,有发掘新的资金来源的强烈需求。同时由于同业融入主动性强、无须缴纳存款准备金,因此通过同业融入匹配非标资产模式可实现规模快速扩张。四是收益率高。非标业务类似于贷款,其收益率普遍在6%以上,远高于同业融入成本,导致其套利空间巨大。

但2014年5月127号文发布后,买入返售发展受限,随之而来的是同业存单质押模式,该模式可通过同业存款和同业投资渠道实现与信托合作,且既不出现"买入返售",也不出现"信用担保",从而避开127号文监管。其交易模式如图1-5所示:

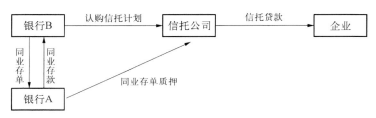

图 1-5 同业业务模式交易结构 2

该模式中实际出资银行 A 在银行 B 存入一笔同业存款,同时银行 B 为银行 A 开具存单。随后,银行 B 以这笔同业存款投资于信托公司发行的信托计划,以信托公司为通道实现向融资企业发放资金。此后,在信托公司向企业融资客户以信托贷款发放资金过程中,银行 A 以同业存单质押提供担保。

另外一种模式为 T+D 模式同业业务,银行间信托收益权的转让,以"应收款和应付款"的形式存在,让监管机构难以判断业务种类,难以有效监管。这种交易结构如图 1-6 所示:

图 1-6 T+D 模式同业业务交易结构

首先由授信银行 A 为持有项目的融资企业提供授信,授信规模一般为企业所需融资规模;出资行 B 通过信托向企业发放资金。银行 B 提供资金的当天(T 日),就将上述信托收益权转让给项目银行,并由银行 A "名义代持"。直到 T+D 日,银行 A 向 B 行支付转让价款。T+D 日一般为融资项目到期日。

1.1.4 非标资产规模迅速扩大的隐患

非标资产为规避监管不断变换交易结构、增加参与方,使其越来越复杂。这从某个角度来说提高了金融机构的创新能力,但是应该看到的是,非标资产大部分与信贷紧密相连,由于难以监管,一旦出现问题则可能引发整个信贷体系的超预期紧缩,从而对经济体系造成重大影响。

1. 导致货币空转,干扰宏观经济正常运转和调控

"货币空转"指的是资金通过转几次才进入实体经济,社会融资存在重复

计算,体现在货币供给量、新增信贷规模和社会融资总量等体现货币供应和社会资金的指标,其增速大幅高于经济总量增速。货币空转使得现金流只在虚拟经济中流动,并没有惠及实体经济,造成虚拟经济膨胀,实体经济萎缩,使得新增信贷在"挤出效应"下并未落实到产业升级、小微企业等关键领域,从而造成中国经济滞胀风险增加。此外,货币空转也使得央行等部门难以对社会经济的真实情况进行准确判断,从而易对货币政策产生误导,干扰宏观经济的稳定运行,因此降低了宏观调控和金融管理的有效性。

2. 过度集中于房地产和基础设施,抬高集中度风险

非标资产最主要的投向是房地产和基础设施,原因在于:一方面地产公司、地方政府长期缺乏资金并且能够支付更高利息;另一方面金融危机后以加强银行监管为核心的宏观管理,导致了更紧张的信贷额度控制和更严格的信贷流向控制,而首当其冲的管制方向即为房地产和地方政府。因此,房地产和地方政府将信托公司等金融机构作为通道进行间接融资。由于房地产行业较高的利润率可以承受较高的融资成本,它的资金需求抬高了整个社会的融资成本,抑制了实体经济中其他部门的固定资产投资和存货投资的意愿,并且房地产在风险方面具有最大的不确定性,资本过于集中在房企会致使整个市场风险增大。

3. 流动性管理要求较高,加剧市场流动性紧张

银行发行的非标金融产品多采取多种资产混杂的"资金池"运作模式,易出现期限错配。由于大多数银行发行的产品期限不足一年,有些仅为数周甚至数天,而基础资产的期限通常超过产品本身的期限,因此需要不断滚动发售新的理财产品来偿还到期产品。期限错配给银行带来大量收益,但维持这一链条的前提是稳定的资金和流动性。一旦出现问题则会导致银行的流动性风险。此外,为了满足8号文监管规定,不少银行选择以自营资金接盘理财资金中的非标资产。这使得大型商业银行从资金净融出方变为资金融入方,从银行间市场流动性的中坚力量变为扰动流动性的负面角色,银行间流动性因此出现紧张的局面。

4. 存在刚性兑付预期,加大金融机构信用风险

"刚性兑付"是指非标金融产品被认为或被理解为发行人将承担保证本金与收益安全的现象。投资者在购买理财产品时就是把理财产品的信用看作金

融机构的信用,以致刚性兑付成为行业潜规则。尽管金融机构在法律上并未承诺对理财产品保本,但在实践中出于维护信誉、息事宁人的考虑往往对理财产品进行刚性兑付,这进一步强化了投资者的刚性兑付预期。此外,当非标金融产品兑付危机出现时,特别是投资者众多、金额巨大的情形下,监管层一方面出于对引发群体性事件的担心,另一方面为了平衡相对强势的金融机构和相对弱势的投资者的利益,难免会通过"窗口指导"对金融机构施加压力,这也是金融机构倾向采取刚性兑付的原因之一。刚性兑付使得市场不存在实质性违约,如不及时遏制则不断被纵容的风险偏好必然持续高涨,会增加金融机构的信用风险,直至出现金融机构无力兜底的局面,进而引发系统性金融风险。

化解非标金融产品风险,首要任务是从根源上治理,单纯通过监管手段只能使其转变形式、创造新的风险。首先,资产证券化能够帮助银行缓解因业务扩张带来的资本压力,实现资产负债期限的更好匹配,并为非标资产的回表腾出更大空间。其次,就非标资产本身来说,进行资产证券化也是转为标准资产的选择之一。

1.2 资产证券化

1.2.1 对资产证券化的简要介绍

1. 定义

资产证券化是指将未来一段时期内缺乏流动性,但是具有可预期、稳定现金流入的资产通过对其风险和现金流进行结构性重组,并实施一定的信用增级,依托该资产的未来现金流在金融市场上发行可流通的有价债券的结构性融资活动。

2. 资产证券化的基本流程

资产证券化作为重大的金融创新在近十几年的发展中已经形成了规范的运作模式、标准的交易结构,一般来说会涉及九个步骤:

第一步,发起人即资金需求方明确自身将要实施资产证券化的资产,必要情况下也可以将多种相似资产进行剥离、整合组成资产池。

第一章 非标资产证券化

第二步,设立特别目的载体即 SPV,以其作为证券的发行机构,并保证能够实现与发起人之间的破产隔离。

第三步,发起人将其欲证券化的资产或资产池转让给 SPV,且转让必须构成真实出售。

第四步,发起人或者第三方机构对已经转让给 SPV 的资产或资产池进行信用增级。

第五步,由中立的信用评级机构对 SPV 拟发行的资产支持证券进行信用评级。

第六步,SPV 通过承销商采用公开发售或者私募的方式发行证券。

第七步,SPV 以证券发行收入为基础,向发起人支付其原始资产转让的款项。

第八步,由 SPV 或其他服务机构作为服务商,对资产或资产池进行日常管理,收集其产生的现金流,并负责账户之间的资金划拨和相关税务及行政事务。

第九步,SPV 以上述现金流为基础,向持有资产支持证券的投资者还本付息,在全部偿付之后若还有剩余,则将剩余现金返还给发起人。

资产证券化运作的一般流程如图 1-7 所示:

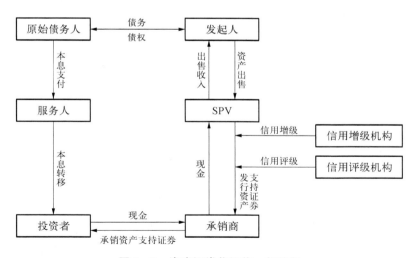

图 1-7 资产证券化运作一般流程

3. 资产证券化的核心要素

标准的资产证券化包含三个核心要素,分别是真实出售、破产隔离和信用增级。

(1) 真实出售

所谓"真实出售"是指发起人真正把证券化资产的收益和风险转让给 SPV。证券化资产只有经过真实出售，才能够和发起人的经营风险完全隔离。证券化资产一旦实现真实出售，即使发起人由于经营不善而破产，发起人的债权人和股东对证券化资产也没有任何追索权。同样，如果基础资产不足以偿还本息，投资者的追索权也仅限于基础资产，对发起人的其他资产也没有任何追索权。在实践中，对证券化交易"真实出售"的定义意义重大，因为如果被认定为非真实出售，即构成担保融资，在发起人破产时证券化资产无法豁免破产隔离。真实出售与否对证券化交易会计和税收的处理影响巨大。

其实，资产证券化交易中基础资产的转让不一定采取出售的形式，资产信托、信用衍生品也是可行的方式。前者对应的特殊目的载体称为特殊目的信托；或者是指发起人与特殊目的载体之间通过信用衍生品交易实现将信用风险转移到特殊目的载体的目的。

(2) 破产隔离

所谓破产隔离是一个法律概念，包含两层意思：第一，证券化资产与发起人破产风险相隔离；第二，证券化资产与 SPV 的破产相隔离。在实践中，真实出售能够实现基础资产与发起人的破产相隔离，而基础资产与 SPV 道德破产隔离主要体现在 SPV 不易破产上。对于资产支持证券的投资者而言，破产隔离相当于一种强有力的内部信用增级手段，是资产证券化区别于其他融资方式的最显著特点。

(3) 信用增级

信用增级是资产证券化结构设计不可缺少的一个环节，通过信用增级，可使资产担保证券的信用水平得到大大提高，获得大大超过发起人自身信用的信用级别，进而提高资产证券化产品对投资者的吸引力并降低融资成本。资产证券化产品实践中采取的信用增级措施包括内部信用增级和外部信用增级两类。内部信用增级常用的措施为优先次级分层，将资产支持证券分为优先级和次级，其中次级资产支持证券只有在优先级获得预期收益后，才能参与分配收益，从而形成对优先级资产支持证券的信用支持。外部信用增级常用的措施为第三方担保，包括银行担保、母公司担保等。此外，信用增级措施还包括原始权益人补足义务、流动性支持等。

1.2.2 非标资产转标的可行途径

1. 资产证券化的快速发展

非标资产在银监会的监管下虽然变换形式或是隐藏在表内继续存在,但是如前文所说,大量积聚的非标资产无疑对金融体系的稳定提出了重大挑战。而近年来伴随着利率市场化的不断发展,资产证券化正在兴起。2005年12月,中国建设银行的住房抵押贷款支持证券(RMBS)和国家开发银行的现金流抵押贷款证券(CLO)这两项试点交易成功进行,两项交易共涉及交易金额高达72亿元。2008年,建行发行了国内首只不良资产支持证券——建元2008-1重整资产证券化。据统计,2005年初至2013年9月,中国累计发行175只资产支持证券,总规模达到1 348.5亿元。金融机构出于对提高资产周转率、降低风险计提权重的需求,在2013年后资产证券化获得了快速发展,发行量从2013年的160亿元攀升至2014年的约2 900亿元,超过2005年信贷资产证券化试点开始到2013年全部发行额总和。同时伴随着银监会、证监会资产证券化审批制向备案制的转变,国内不同发行主体如城商行、农商行、金融租赁公司等纷纷加入证券化融资浪潮。2015年,在政策支持下,我国各类资产证券化业务规模超过5 000亿元,是过去九年的总和。由此,资产证券化在深化国内信用市场方面发挥着重要作用,同时对于第三方服务提供方数量和结构创新方面也起到了促进作用。

2. 资产证券化对接非标资产

目前在我国商业银行体系内的非标资产占比较大,按照监管层的目标,银行非标资产的总量将受到更为严格的控制,同业业务将在更大程度上回归资金业务的本质,而不是更多地向类信贷业务发展。然而非标资产的存量退出是一个渐进过程。对于此类存量资产如何进行消化,使之符合银监会的监管规定,主要有以下几种途径:第一种是资产等待到期后不再继续做了,但这一途径并不是明智的选择,毕竟该类业务的利润相对来说是比较高的。而且这种办法对于应对目前监管机构的要求,时间上也需要等待。第二种就是资产进表,银行在会计科目处理上将一些资产从同业资产科目转移到应收款项类投资进行规避。有资料显示,从2014年对于非标资产的监管进一步加强后,各股份制银行资产负债表中的同业返售资产大幅减少,随之而来的是在应收

结构化融资工具案例分析

账款下的迅速膨胀,这种方式仅仅是改变了非标资产的组成结构,并没有真正达到监管层控制金融风险的目的。第三种就是用资产证券化来对接,这种办法能真正从源头上解决社会资金需求和商业银行追求利润的动力。

首先,目前对于非标资产来说,由于127号文明确规定了信托受益权不得纳入买入返售资产科目进行核算,堵死了商业银行通过买入返售科目规避监管,腾挪信贷额度,攫取利润的空间。而商业银行之所以开展现如今的同业业务,其核心在于规避资本金压力,腾挪信贷规模,拓展新业务。资产证券化恰恰可以实现此功能,并缓解商业银行资产扩张带来的资本压力,盘活存量资产,甚至可以直接用于新项目的融资。

其次,资产方与负债方的期限错配是非标金融产品进一步发展的风险所在。据统计,2014年,期限在1—3个月的银行理财产品占所有期限理财产品的比重,已经由2006年的15.7%提高至37.7%;3—6个月期限理财产品占比32.3%;6个月以上期限理财产品占比30%。2014年,97%的银行理财产品期限在1年以内。从资产方来看,为了获得更高的收益率,这些非标金融产品募集资金投向越来越偏向于中长期项目。例如,2012年包括银信、银证合作在内的各类信托理财产品是城投债的最重要投资者之一,而城投债的期限平均为5—8年。这样无疑增加了金融系统的风险。但是通过结构化分层的优先级证券化产品的发行,将在满足投资者潜在资产安全性与相对保值增值的利益诉求上提供较好的选择。同时,由于资产支持证券作为证券产品发行,在审核、信息披露及随后的风险监控上有一套较为完善的证券发行机制可依赖,投资者的需求能够与融资项目的资金需求直接对接,从而能够很大程度上避免资金在类似非标金融产品市场上的空转问题,在保障投资者利益的基础上,也为企业直接融资提供支持。

再次,相对于国内资产证券化而言,同样"节约资本"的同业业务,不仅能缓解资本压力,还能够将资产真正转出表外,同时可以在一定程度上规避监管和运用有限的资本来攫取更多的利润。这是非标资产迅速发展的原因之一,但是缺点是此类业务无法做到公开透明,而在这一点上,更为标准化的资产证券化完全可以胜任。另外对于非标业务中"通道"的存在变相提高融资成本的问题,信贷资产证券化则根本不会遇到。

最后,对于银行来说,进行非标资产证券化的优势在于非标资产转成标准化资产时风险计提的调整。根据银监会颁布的《资产证券化风险加权资产计量规则》,长期信用评级为 AAA 到 AA—的,风险暴露权重为 20%,A+到 A—的,风险暴露权重为 50%,BBB+到 BBB—的为 100%,BB+到 BB—的为 350%,B+及以下或未评级的为 1 250%。另外,很多中小银行资本充足率不足,已经接近了银监会的监管红线。不良贷款率居高不下,风险拨备变多是一个原因;而另一个原因则是由于业务规模扩张,风险资产变多。因此为了节约有限的资本金,就同一资产,如何减小风险计提成为各银行突破监管扩大业务的主要关注点。在这样的情况下,银行选择发行资产证券化产品,则可以在一定程度上满足自身发展的要求。对于增量资产采用证券化的方式可以有效减少资本占用率,满足业务发展需要。而对于存量的非标资产,银监会有明确的限制,即非标资产的占比要低于理财总规模 35%和上一年度经审计后总资本的 4%的孰低者。非标资产的证券化对于银行等金融机构来说是一个有效的途径。通过资产证券化可以实现由非标转标,或直接实现非标资产的出表,完成非标资产的合理消化。

1.3 非标资产证券化案例分析

1.3.1 海印股份信托受益权资产证券化

自 2014 年海印股份信托受益权专项资产管理计划发行以来,共有 11 个信托受益权 ABS 项目在交易所公开发行,规模超过 100 亿元(包括优先级和次级),除海印股份项目外,其他 10 个信托受益权资产证券化项目均是在 2015 年发行的,且监管机构均为证监会。虽然目前部分金融交易所可以实现信托受益权的挂牌交易,但整体来看,信托受益权的流通途径仍旧比较单一,信托公司开发信托产品的规模和领域受到一定限制。同时,信托公司发行的信托产品期限一般都在 3 年以内(一般在 1—2 年),期限超过 3 年的信托产品在市场上很难卖得出去,因此采用信托受益权资产证券化来解决信托公司的流动性问题具备较强的可行性。同时也为商业银行的信托受益权等非标资产找到了合理的出口,减少了风险资本的占用、腾出业务额度。

1. 基础资产概述

在该项交易中资产证券化产品的基础资产是海印股份及下属 13 家子公司旗下 14 个商业物业未来 5 年的经营收益权。这 14 家商业物业根据发行说明书披露的内容,海印股份并不是这些商业物业的持有人,而只是这些商业物业的承租人,其经营模式是海印股份与物业持有人签订长期的租赁合同再对这些物业进行招商管理和商业运行。而海印股份是否与商铺的最终承租人也签订了长期的租赁合同不得而知。因此,海印股份在合同签订期限内具有支付租金的义务,而是否能获得稳定的租金收入则存在一定的不确定性。另外,如果在开展证券化业务时,海印股份未与商铺的最终承租人签订租赁合同,则基础资产还面临无法特定化的问题,因此在交易模式上将通过双 SPV 模式来解决以上问题。这一模式将在交易结构分析中进行介绍。

2. 交易结构分析

交易结构如图 1-8 所示:

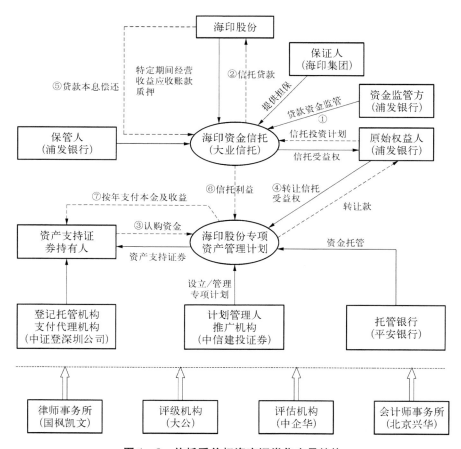

图 1-8 信托受益权资产证券化交易结构

该交易结构共包含两层 SPV 结构。在该交易的第一层结构中,浦发银行将 15 亿元资金委托给大业信托,设立大业—海印股份信托贷款单一资金信托,浦发银行拥有该资金信托的信托受益权。大业信托向海印股份发放 15 亿元的信托贷款,海运股份以运营管理的 14 个商业物业整租合同项下特定期间经营收益应收款质押给海印资金信托,并以上述物业的租金及其他收入作为信托贷款的还款来源。信托合同中明确信托受益权可以转让和赠与。浦发银行作为资金保管机构保管信托财产。

在本交易的第二层结构中,专项计划管理人——中信建投证券股份有限公司设立专项计划,募集资金用于购买浦发银行持有的信托受益权,专项计划承接浦发银行与大业信托的海印资金信托合同关系。

在该项交易中资产证券化产品的基础资产是海印股份及下属 13 家子公司旗下 14 个商业物业未来 5 年的经营收益权。在产品设计上,中信建投通过银行和信托公司架设"专项资产管理计划+信托"的双层架构,同时解决了基础资产转让和现金流难以估计所产生的问题,浦发银行广州分行担任资金信托监管行,中信建投担任产品最终管理人,平安银行为专项资管计划的最终托管银行。

为降低融资成本,除了安排"优先—次级"的结构化设计,该产品还引入资产原始权益人大股东担保机制,把 14 个相关项目进行质押担保,质押财产价值 22.43 亿元。按其公告显示 14 亿元优先级共分为"海印1"—"海印5"五个品种,期限分别为 1—5 年,预期收益率分别为 6.80%、7.45%、7.80%、8.05%、8.38%。

3. 交易结构主要参与者

(1) 原始权益人/信托计划受益人

本次交易中,浦发银行是原始权益人,在大多数项目中,信托计划和资产支持专项计划是同时成立的,信托计划受益人作为专项计划的原始权益人只是过桥资金提供者,在专项计划成立后就实现退出。

(2) 受托机构

受托机构——大业信托,于 2011 年 3 月 8 日,由中国银监会批准同意广州科技信托投资公司重新登记,更名为"大业信托有限责任公司",注册资本为 3 亿元。在信托受益权资产证券化中,信托机构实际上是作为通道出现的,作为第一层 SPV 其目的在于将不稳定的租赁收益现金流转换为较为稳定的贷款付息还本现金流,同时也绕开来了基础资产不属于海印股份的问题。

(3) 专项计划管理人

中信建投作为专项计划管理人,设立专项资产管理计划。作为第二层 SPV,其作用在于实现资产的真实出售,起到风险隔离作用。但是由于要求基础资产必须是所有权,而该案列中作为基础资产的租赁收益则是一种收益权,所以并没有完全实现风险隔离的要求。

(4) 资金保管机构

资金保管机构——平安股份有限公司(平安银行),是中国平安保险(集团)股份有限公司控股的一家跨区域经营的股份制商业银行。在资金托管方面,平安银行拥有较为丰富的托管经验和健全的托管业务系统。覆盖托管业务各范围领域的业务制度,符合相关法律法规的流程监控,确保受托资金安全。

(5) 登记机构/支付代理机构

登记与支付代理机构——中国证券登记结算有限责任公司(中证登),是为全国证券市场提供证券集中登记、存管与结算服务的国有独资非银行金融机构,是经国务院同意、证监会批准的全国证券托管系统机构。

(6) 评级机构

评级机构——大公国际资信评估有限公司(大公)。大公是中国信用评级与风险分析研究的专业机构,是面向全球的中国信用信息与决策解决方案的主要服务商。由中国人民银行和国家经贸委批准成立。作为中国信用评级行业和市场最具影响的创建者,大公具有中国政府特许经营的全部资质,是中国认可为所有发行债券的企业进行信用等级评估的权威机构。

4. 产品现金流介绍

在本次交易中,原始权益人投资于信托计划,由信托公司将资金以信托贷款形式发放给待融资企业,企业将未来一定时期的经营收益质押作为还款来源,在此基础上由待融资企业母公司提供担保,进一步保证了偿还能力。同时中信建投成立专项资产管理计划受让原始权益人的信托受益权。

资金以转让款形式给予原始权益人,由此原始权益人在获得本金和一定通道费用后实现退出。专项计划以此信托受益权为基础资产,在证券市场发行证券,由投资者进行认购。在项目持续期,待融资企业海印股份公司通过租赁收益按月偿还本息,信托计划将信托利益给予信托受益权持有人即计划管理人中信建投。专项资产管理计划按年对投资者支付本金及利息。

1.3.2　关于交易结构中的SPV设立问题①

破产隔离制度常被称为资产证券化制度的核心与基础。破产隔离目标的实现一般体现在两个方面:第一,SPV资产与发起人的破产隔离,即使得SPV所获得基础资产不被归入发起人即原始权益人的破产财产;第二,避免SPV资产与SPV自身的破产隔离,即使得SPV本身不能破产。理论认为,资产证券化的破产隔离至少需要两个层面的制度支撑:第一,资产支持证券偿付来源必须与原始权益人隔离开来,以避免发起人遇到麻烦或破产所带来的不利影响,不会殃及SPV,即SPV资产远离发起人的破产风险;第二,保证基础资产从发起人转移至SPV的过程构成"真实出售"。然而在信托受益权资产证券化交易结构中,经常采用"信托+专项资产管理计划"的双SPV交易模式,第一层SPV仅是发挥通道作用,第二层SPV采用专项资产管理计划通过证监会线条来发行证券。但是专项资产管理计划这一SPV与发起人能否真正实现"破产隔离"。目前在相关资产证券化法律法规不健全的背景下,这个问题成为我国资产证券化发展的焦点问题。

1. 对于选择设立特殊目的载体模式的分析

对于特殊目的载体模式的选择一般有特定目的公司(SPC)和特定目的信托(SPT)两种形式。SPC一般为从事资产证券化而专门设立的一个空壳公司,在我国,其设立和运行都受到《公司法》《破产法》等法律法规的严格限制。

首先,资本信用理念在我国《公司法》中有着很好的体现。不论从公司设

---

① 马启超:《信托受益权资产证券化的法理基础与法律关系》,《经济研究导刊》2015年第20期;胡继东:《不动产受益权证券化研究》,中国政法大学2014年硕士学位论文。

立条件到资本制度,还是股东出资形式,都要求对资本信用有着足够的重视。因而标准的特定目的公司由于其空壳性要求而在我国无法取得公司法人资格,更难以取得公开发行有价证券、债券的资格。

其次,从发行主体来看,SPV的业务范围限定为只能从事证券化经营活动,属于金融领域,而我国有关金融法规对经营金融业务有着严格的注册资本、牌照等门槛要求和分业经营的限制,使得我国现有商业银行、证券投资公司、保险公司都不具有设立特定目的公司的资质。

再次,从财税制度来看,我国现行的会计准则和税收制度与发达国家的资产证券化相关制度差别较大,在财务及税收方面对资产证券化主体特定目的机构的设立缺乏政策优惠条件。

最后,从破产风险的角度看,根据我国《破产法》规定,如若公司宣告破产,公司所有财产必须用来清偿公司债务。如果以主营其他业务的一般公司作为特定目的公司,则证券化资产很难不受该公司财务、经营业绩及破产风险的影响,证券化所要求的风险隔离原则无法实现,投资者或者债权人的利益必然受损。

综上可以看出,在我国采用特定目的公司(SPC)模式本身不仅存在着诸多的法律障碍,而且也无法实现风险隔离,因此不具可行性。

而对于特定目的信托(SPT)模式来说,信托制度本身具有的独特的风险隔离功能和权利重构功能,以"受人之托,履人之嘱,代人理财"为原则,为投资者提供了一种优良的外部财产管理手段,因此能够满足资产证券化风险隔离的基本要求。信托通过特有的制度设计分离了财产的管理权与收益权,有效隔离了财产的权利主体和利益主体,使财产收益人无须承担财产管理之责就可以享受财产的未来收益,达到了资产证券化所需的风险隔离和真实销售要求,这正是信托之所以为一种先进的财产管理制度的精髓所在。虽然目前我国的《信托法》并未明确规定采用信托作为我国资产证券化特定目的机构(SPV)的模式,但根据我国现有的法律体系和具体实践,特定目的信托(SPT)具有相对较大的可行性和操作空间。

首先,信托财产与受托机构的固有财产互为独立的存在。《信托法》也规定受托人应对受托财产单独管理、核算等,信托财产可以看作为一种独立运营的财产,其独立性更能实现破产隔离。

其次，发起机构将证券化资产设立特定目的的信托，信托财产与委托人和受托人的财产相独立，从而使其脱离发起人（或者债务人）和受托人自身可能会有的风险，债权人对证券化资产再无请求权，收益人（或者债权人）的权益得到保护，特定目的的信托起到证券化资产与发起人（或债务人）和受托人自身风险之间的隔离作用。

最后，信托财产不可以被强制执行和抵消，这也进一步强化了基础资产与委托人和受托人的破产风险隔离。

2. 关于专项资产管理计划弊端的分析

专项资产管理计划，简称专项计划，是我国证监会通过部门规章的形式明确规定的证券公司资产证券化之 SPV，是我国资产证券化的一大特色。而专项资产管理计划由于不具有法律独立主体地位，因此无法对基础资产进行所有权变更登记，无法真实出售，故在我国不能有效实现风险隔离。而且从专项资产管理计划的投资募集说明书来看，证券公司没有明确将专项资产管理计划定性为信托类产品，但却将证券公司与投资者之间的关系确定为委托关系。由于我国尚无法律法规赋予信托投资公司之外的金融机构以"信托权利"，因而证券公司只有借用特定目的信托（SPT）的概念来推行企业资产证券化。这种假借信托实为委托的做法并不能真正实现资产的真实销售和风险隔离。这样做既不利于市场监管，也无法明晰当事人之间的法律关系，无法从根本上保障投资人的权益和体现资产证券化的优越性。

综上所述，对于目前我国在资产证券化中 SPV 设计模式的问题只有通过信托的方式才能真正实现破产隔离，使特定的资产具有独立性、排他性，有效保障资产证券化的成功运作。而且在我国资产证券化具体实践中，一般由国家允许经营信托业务的机构实体（如信托投资公司）去充当特定目的机构。信托公司作为受我国银监会监管的金融机构，专营信托投资事务，本身积累了丰富的资产管理、投资经验，形成了较为成熟的信托管理体系。中国人民银行出台的《信贷资产证券化试点管理办法》明确规定，"受托机构由依法设立的信托投资公司或中国银监会批准的其他机构担任"。因此，在我国现有的法律体系下，只有特定目的信托（SPT）模式可真正满足破产隔离、真实出售等要求。

1.4 对于交易结构的再设计

由前述的关于特殊目的载体模式选择问题,对于信托受益权资产证券化交易结构中双 SPV 交易结构应当选择"信托＋信托"的模式,从真正意义上实现基础资产的破产隔离。

对于当前存量的非标资产,以信托受益权为例进行说明:

1.4.1 资产池的概况描述

可以选择由几家银行持有的信托受益权组成联合的原始权益人,或者一家银行的几种信托受益权进行集合发行。由于信托受益权只是表面的基础资产,根据穿透原则要对底层资产进行调查才能够确定是否符合入池标准。在对底层资产进行筛选时应遵循分散原理。尽可能对融资企业的所属行业、所属地域进行分散处理。挑选优质企业,可以适当辅以资质较差的企业以对风险进行分担。

1.4.2 交易结构介绍

第一层 SPV 的主要作用是商业银行为待融资企业融资而通过信托通道打包成信托贷款,从而形成信托受益权。然后由最后管理人另外设立一个信托计划,形成第二层 SPV,该计划通过向投资者募集资金受让商业银行持有的信托受益权,并以此为基础资产进行证券化。这样,便在法律上实现了真正的破产隔离,规避了由专项资产管理计划带来的问题,体现了资产证券化的优越性。对于该证券化产品采用优先级次级内部增信方式,次级部分由原始权益人进行回购,以增强产品在市场上的竞争力。产品设计为滚动发售可以解决对入池资产期限不一致的问题,使不同期限的信托受益权都可以通过该项目进行证券化,提高效率并降低成本。这样的交易结构如图 1-9 所示:

第一章 非标资产证券化

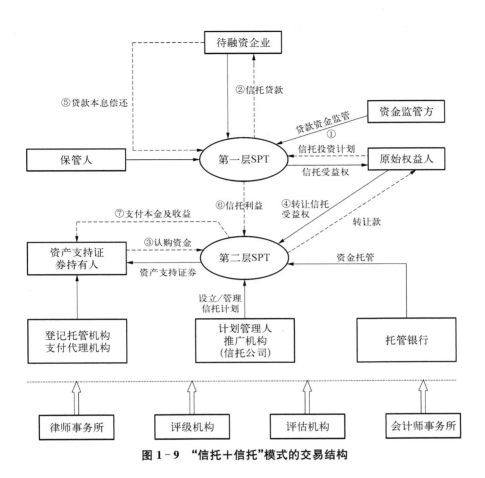

图1-9 "信托+信托"模式的交易结构

第二章 整体业务证券化

2.1 整体业务证券化简介

2.1.1 含义

整体业务证券化是指将与运营公司的一级担保长期债券有关的信用风险重组成投资级和准投资级的债券等不同的部分。债券的偿付来源通常依赖于持续现金流,其中主要是运营公司的诸种业务所产生的现金流;如果债务人发生财务困境,则来源包括房地产和存货等在内的公司资产的清算收益[①]。

2.1.2 基本特征

整体业务证券化与一般的证券化结构相比,两者的区别在于,一般的证券化对特殊的现金流资产(如信用卡、汽车贷款、应收款、非核心房地产等)进行隔离式或单独管理,只有来自这些被隔离资产的现金流可用于偿付证券化债务,但是,整体业务证券化从根本上讲是"运营资产证券化",即证券化包括了所有能够产生现金流的业务资产(如存货、房地产、厂房和设备、

---

① 法博兹、休亨瑞编:《欧洲结构金融产品手册》,王松奇、高广春、史文胜译,中国金融出版社2006年版。

品牌和商号等)。一般证券化结构将特定的资产从公司中隔离出来,强调这些资产在合同签订以前所产生的现金流偿付债务;与一般证券化结构形成鲜明对比的是,整体证券化依赖未来,承担了纯经营管理的风险,债务偿付在一定程度上取决于公司的整体业绩,现金流预测来自公司所有的业务,而不像一般的证券化结构诸如信用卡、住房抵押、汽车贷款等证券化,整体业务证券化所具有的风险更具有公司性,且实际受保于多种基础资产。

换个角度来讲,整体业务化兼具纯担保的公司债务和一般的商品资产证券化(如抵押贷款证券化)特点的混合特征。一方面,证券化继承了纯经营管理的风险,债务偿付在一定程度上取决于公司的整体业绩;另一方面与一般的资产证券化结构一样,整体业务证券化结构也有诸如流动性工具、预提准备等特征[①]。

现金流的可预测性越高并且资产越多元化,企业越适合发行整体业务证券化。

2.2 PPP项目资产证券化

在上一章当中我们提到整体业务证券化所具有的混合特征,在评估当中往往相应反映在混合风险上。所谓混合风险即兼有公司风险和一般的证券化(如信用卡证券化、汽车贷款证券化等)有关风险的双重特点。此种带有混合风险的证券化一般被称为公司证券化,在某些情况下被称为整体业务证券化。

2.2.1 公司证券化的基础

资产证券化的核心,就是资产可以产生稳定的、可预期的现金流。由于公司证券化主要依赖于公司提供产品和服务的能力和行为所产生的未来现金收入,而这与公司信用和资产信用均是密切相关的,因此适合证券化的公司未来

---

① 法博兹、休亨瑞编:《欧洲结构金融产品手册》,王松奇、高广春、史文胜译,中国金融出版社2006年版。

现金收入(如表 2.1 所示)一般应具有以下特征:

表 2.1 适合公司证券化的未来现金收入资产分类

产生现金流的资产	所属行业	证券化对象
收费公路、桥梁、铁路、地铁、机场、航空、港口等	交通行业	过路费、过桥费、运费、票款收入、泊位收入等
污水处理系统、供水系统等	水务行业	水费收入、排污费收入
市政道路、公共绿地等	建筑行业	BT 项目收入
发电站等	电力行业	电费收入
网络设备等	通信行业	网络运营费收入
房地产项目、物业、公寓等	房地产行业	房地产销售收入、物业收入、租金收入
商业应收款、存货等	贸易行业	商业应收款、存货收益
租赁设备	租赁行业	租赁收入

第一,产品或服务虽然尚未提供,但其市场需求旺盛、稳定。

第二,原始权益人为国有独资大企业或处于垄断的行业地位,其提供的产品或服务产生持续、稳定现金流量的能力很强。

由此可总结出特别适用于公司证券化的四种企业运营类型:

第一,证券化包含了多种固定资产的组合,诸如政府为低收入者所建的住房、酒店、非营利房地产、私立医院。这些资产均具有稳定的现金流,或者来自约定或法定的租赁和购买合同,或者来自政府或其他一级债务人的支付,或者来自具有可预测的预测需求和有效的进入限制的业务的收入。

第二,证券化以单类资产为基础。小部分企业的此类资产可形成可预测的现金流,诸如受管制的供水公司和处于林区的木材公司。法律支持、需求稳定和相应领域(如水利部门、交通行业)中的垄断地位等均使这些资产类型非常适合于证券化。

第三,具有市场价值的证券化。

第四,由有形或无形资产担保的交易(如影视、出版和资助权)[①]。

---

① 宫少林主编:《企业资产证券化前沿》,江苏人民出版社 2007 年版。

2.2.2　PPP项目资产证券化

1. 背景

针对人们对PPP模式的讨论,众多研究者提出了PPP模式存在的一个问题,那就是由于PPP项目的投资额度大,相较于前期的巨大投资,公用事业一般回收期较长,PPP的期限通常要10年到20年,引入的私人企业无法在短期内收回投资,难以满足现阶段社会资金的风险偏好,可能导致私人企业参与积极性不高。且目前国内部分PPP项目已经进入建设后期、逐渐进入运营阶段,很多资产规模大的项目则不再满足于传统的银行贷款,一些大型的交通、能源、市政项目,资金量涉及几十个亿甚至更多,对资金成本比较敏感。而部分可以赋予参与企业特许经营权的公用事业项目,核心定价权仍掌握在政府手中,比如水电气的价格,参与企业缺乏通过适当涨价加速回款的主动权。因此,从参与企业能够有效且相对快速获得收益或者退出角度考虑,将PPP项目收益权做成资产证券化产品无疑是一种很好的方式。

随着人民币国际化的不断推进,亚投行和丝路基金的组建,"一带一路"建设的加速推进,沿线国家和我国相关省份的基础设施建设融资需求巨大。将资产证券化和PPP模式相结合,可以对新建的投资规模大、建设周期长,但能够产生稳定现金流、本息偿还可分摊的铁路、公路、机场等PPP项目,通过应收账款证券化、未来收益证券化等资产证券化运作模式创新拓宽融资渠道,加快实现增量突破,使风险收益相匹配的资金在资本市场上完成对接,以化解社会资本进入PPP模式的流动性及期限障碍。

2. 我国PPP模式发展历程

PPP是英文Public-Private-Partnership的简称,英文直译的意思是公私合作(合营)伙伴关系,国内也被称作混合所有制,是政府与企业协作经营的商业模式。PPP模式最早兴起于英国,PPP实践方面英国也走在世界前列,其中自来水供应和交通方面最具代表性。法国、荷兰、澳大利亚、加拿大等国都在基础设施和公共领域有大量PPP项目,但美国PPP模式的发展在全球并不是很突出。目前,国际上对PPP模式尚无统一的定义。中国财政部对PPP的定义:PPP是在基础设施及公共服务领域建立的一种长期合作关系。通常模式是由社会资本承担设计、建设、运营、维护基础设施的大部分工作,并通过"使用者付费"及必要的"政府付费"获得合理投资回报。政府部门负责基础设施及公共服务价格和质量监管,以保证公共利益最大化。

实际上,PPP 在我国并不是新生事物,我国在 20 世纪 90 年代初期就开始尝试公私合作模式。主要在城市供水、节水、供气、公共交通、排水、污水处理、道路、桥梁、市政设施、市容环境卫生、垃圾处理和城市绿化等公用事业当中引入非政府投资。2003 年前后全国掀起了私有企业和政府合作的浪潮。但由于缺乏对 PPP 发展的顶层设计,以及保障投资方利益的政策法规,PPP 模式实际运行当中出现了种种问题。

2013 年 11 月,中共十八届三中全会决定允许社会资本通过特许经营等方式参与城市基础设施投资和运营,此后,国务院、财政部、发改委相继针对 PPP 发布了指导意见,相关的政策文件也密集出台,PPP 模式受到各级政府部门的高度重视,紧罗密布地布局 PPP 项目。截至 2015 年 5 月底,通过国家发改委审核进入首批国家发改委 PPP 项目库的项目就达到 1 043 个,进入各省发改委 PPP 项目库的项目更是远超这个数量[①]。

而且我国自 2005 年开始企业资产证券化试点以来,针对不同的基础资产和交易结构进行了很多尝试,其中,基础设施收费权、BOT 债权、BT 债权 1、保障性安居工程、棚户区改造等都和城市的基础设施建设和公共服务相关,共发行相关产品 23 期,占发行产品总期数的 38.33%,发行规模 284.25 亿元,占总发行规模的 31.89%。

3. 可行性分析

第一,从宏观政策层面上看,《国务院关于加强地方政府性债务管理的意见》(43 号文)鼓励社会资本通过特许经营等方式,参与城市基础设施等有一定收益的公益性事业投资和运营。投资者或特别目的公司可以通过银行贷款、企业债、项目收益债券、资产证券化等市场化方式举债并承担偿债责任。资产证券化成为 PPP 模式下可以选择的重要融资方式。

第二,从行业发展上看,2015 年 1 月,基金业协会发布《资产证券化业务基

---

① 许维鸿:《PPP 项目资产证券化的交易平台创新》,《中国保险资产管理》2015 年第 2 期。

础资产负面清单指引》，明确将以地方政府为直接或间接债务人的基础资产列入负面清单，但地方政府按照事先公开的收益约定规则，在政府与社会资本合作模式（PPP）下应当支付或承担的财政补贴除外。

第三，从内容上看，财政部、发改委，以及各地公布鼓励社会资本参与的PPP项目，涵盖了城市供水、供暖、供气、污水和垃圾处理、保障性安居工程、地下综合管廊、轨道交通、医疗和养老服务设施等项目，这些项目大都具有所有权属明确、收费机制比较透明，未来可产生稳定的现金流收入，且能够对现金流进行独立准确的评估预测、缺乏流动性等证券化基础资产的典型特征，因此为今后的资产证券化提供了可能。

第四，从发行的产品上看，公用事业ABS的基础资产既包括供热、供电、供气、供水、高速公路收费等收益权，也有棚改、安居房、BT/BOT等债权，很多都是政府鼓励社会资本参与的PPP项目。

第五，从PPP项目的特点上看，存量项目由于已经进入经营期，现金流的稳定性较高，通过ROT、TOT等方式转让给社会资本经营后将其证券化，作为社会资本退出和为新项目融资的方式，可以起到盘活资产存量的作用。

第六，从投资者角度上看，可以优选符合国家鼓励方向的棚户区改造、安居房建造等项目；其次挑选具有稳定需求的供热、供水、供气、供暖等公用事业收费权类项目，最后可以考虑纳入地方重点建设项目，具有良好社会效应的已纳入PPP财政补贴的项目[①]。

4. 基本原理

第一，认购人为了取得资产支持证券，需要与计划管理人签订认购协议，从而成为证券持有人；计划管理人专门负责设立并管理专项计划。

第二，计划管理人根据与原始权益人签订的基础资产买卖协议的约定，将专项计划募集资金用于向原始权益人（PPP项目公司，下同）购买基础资产，即原始权益人在专项计划设立日转让给计划管理人的、原始权益人由于提供服务经营自专项计划设立日（含该日）起享有的特定期间内实现的相应特许经营收费收入及其相关财政补贴收入所对应的债权。

---

① 孙彬彬、周岳：《公共事业资产证券化：PPP融资新渠道》，《招商证券固定收益研究》2015年第6期。

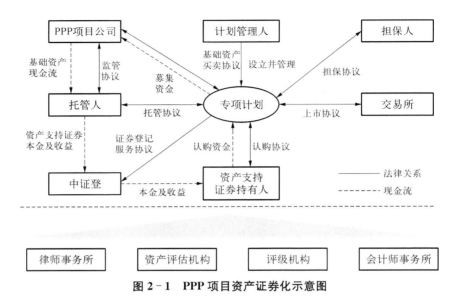

图 2-1　PPP 项目资产证券化示意图

第三,在专项计划存续期间,资产服务机构(PPP 项目公司,下同)在以现金方式收到基础资产所产生的现金流回款后,将在特定时间前将相等金额的款项缴存至资金归集账户;如果在特定时间后以现金方式收到基础资产所产生的现金流回款,则在次日特定时间前将相等金额的款项缴存至资金归集账户。同时,资产服务机构将通知以银行转账方式支付基础资产现金流回款的用户,在专项计划存续期间将基础资产现金流回款直接支付至资金归集账户。

第四,在专项计划存续期间,相关政府主管部门根据相关政府文件或批复按期将财政补贴划付至资金归集账户。

第五,监管银行根据监管协议,在专项计划存续期间,在特定时间前将资金归集账户中的特许经营收费与财政补贴款项划付至专项计划账户,直至该划转日所在特定期间的划转金额累计达到该特定期间对应的必备金额时为止。

第六,计划管理人对专项计划资产进行管理,托管人根据托管协议对专项计划资产进行托管。

第七,在每一个初始核算日,若专项计划账户未能按计划说明书、基础资产买卖协议及托管协议的约定按期足额收到基础资产现金款项,则由计划管理人于差额支付通知日向原始受益人发出履行差额支付义务的通知并提交相关证明。若原始权益人无法在差额支付划款日将基础资产现金款项补足的，计划管理人则在担保通知日向担保人发出履行担保义务的通知并提交相关证明，担保人根据担保协议履行担保责任。

第八，在分配指令发出日，计划管理人根据计划说明书及相关文件的约定，向托管人发出分配指令。托管人根据分配指令，在分配资金划拨日划出相应款项分别支付当期专项计划费用、当期资产支持证券预期收益和本金。

5. 基础资产分析

PPP模式下项目收入来源主要有三种：第一种是政府授予项目业主特许经营权，社会资本业主将项目建成并负责运营，运营收入来源主要为使用者付费形式，运营期满后移交政府；第二种是社会资本项目业主负责将项目建成并运营，运营收入来源为政府付费购买；第三种是社会资本项目业主的收入来源为使用者购买与政府财政补贴结合形式。上述采用PPP模式建成后收入来源现金流稳定持续可靠，采特许经营权方式建成运营的项目收入属于项目业主资产收益类的基础资产；而运营收入依靠政府付费购买或者政府财政补贴方式形成的基础资产属于项目公司的债权类资产，均可以做成资产证券化产品。

（1）基础设施收费权

基础设施收费权类ABS的基础资产一般是原始权益人在特定期限、特定区域内提供相关商品或服务取得的收费权，从已发行的产品看，可包括天然气供应、供热、公交经营、供水、供电、公路通行费、铁路运输服务费、污水处理费等鼓励社会资本参与的PPP项目，这些准公益性的商品或服务具有需求稳定，现金流可预测性高、波动小等特点，其收入主要来自商品或服务的接受者，即使用者付费，也有部分来自政府补贴。

例如：国内首单供热企业热费收费权资产证券化项目——《迁安热力供热收费权专项资产管理计划》，资料显示，该项目是以"迁安热力持有的未来特定期间内实现的供热收入及相关补贴收入"作为基础资产，总体发行规模为人民币12.5亿元。面向机构投资者发行的优先级资产支持证券共12亿元，分七个品种；次级资产支持证券共5 000万元，由迁安热力全额认购。在现已发行的企业资产证券化项目中，属该项目产品的期限最长，如迁安热力07档的预期最长期限达6.54年。在该专项计划存续期内，优先级证券将可在上海证交易所固定收益平台转让交易。

(2) BT/BOT 债权

BT、BOT 债权类 ABS 的基础资产都是在回购协议(BT)和专营权合同(BOT)项下的应收账款及其权利,其付款人都是政府或政府的代理机构,由于在财政部和发改委关于 PPP 的相关文件中都未将 BT 列举为 PPP 的模式之一,因此可以推测今后 BT 类项目的资产证券化操作起来会有难度,实施的可行性比较高的是存量项目通过 TOT、ROT 等方式,新建项目通过 BOT、BOOT 等方式进行 PPP 化后再进行证券化。

(3) 棚改和安居工程

作为中央重点鼓励支持的棚改和安居工程,建设施工方对政府的债权也可以作为资产证券化的基础资产,和 BT、BOT 债权类 ABS 类似,这类基础资产的付款人一般也为政府,从资金来源看,土地出让金收入都是政府最重要的资金来源。

6. 交易结构分析

我国已发行的公用事业领域的资产支持证券通常都采用优先/次级的结构。和银行间市场的信贷资产支持证券不同,交易所的资产支持证券并未对优先档证券进行偿付优先级别的细分,只是将优先级证券按照不同投资期限进行了划分,次级证券一般都由原始权益人自持,以次级证券为优先证券提供增信保护。从次级的厚度看,近几年发行的产品次级一般在 4%—6%之间,为优先档证券提供一定的信用支持。

由于公用事业类项目的特性,其现金流的流入较为分散,因此很多产品都设置了监管账户条款,即相关收费现金流入需保管在专项计划合同约定的银行账户内,避免收费权等基础资产的现金流入被原始权益人挪用。

综上所述,在交易结构上,可以沿用分档证券的形式,将 PPP 项目未来的现金流按照不同期限进行分割,作为各档资产支持证券的本息偿还来源,除了按期限设置不同档的证券外,也可以根据本息偿付的优先次序将优先级证券划分为不同级别的证券,以满足不同风险偏好的投资者需求。

7. 增信措施

在增信措施方面,原先由国资控股的项目公司在引入社会资本方后,项目公司的主体信用资质存在边际上下沉的可能,市场对于外部增信的需求可能会增加。因此除了通过优先/次级结构安排外,早期的企业资产证券化大多采用了商业银行担保的形式,近几年发行的产品则多设置了差额补足条款和担保条款。从具体产品看,差额补足承诺人多为原始权益人自身,或原始权益人实际控制人的关联企业,担保人一般为原始权益人的控股股东,绝大部分都具有国资背景,这也体现出公用事业类资产证券化公益性的特点[①]。

8. 具体操作设想

只要PPP项目建立好完善的"使用者付费机制",如发电、供水、供热、污水处理领域,那么在项目价格、收费机制建立后,未来的现金流预测就有依据可循。像城市污水处理、水环境治理、河道修复等在内的部分水务项目,单个项目的可能性不大,可将一个片区的多个项目打包来做,即整体业务的证券化。

例如:以供水项目为例,供水企业拥有与客户的供水协议,协议需要约定供用水的主体、价格依据、水费上交的频度以及拖欠水费的处理办法等。集合所有供水协议进而可以计算每年的水费收入,从而推测现金流量。但是,不排除部分企业因为历史原因等未与用户签订相关协议,这时就需要根据以往年度的水费推测未来的现金流量。确定流量后,即可将水费收费权进行资产证券化[②]。类似多个PPP项目,将其特许经营权、收费权等未来现金流收入作为资产池,并将其打包卖给第三方投资者,即可进行整体业务证券化。

2.3 案例分析

2.3.1 资产证券化在棚改当中的应用

表2.2 "15开元3"项目概况

项目名称	2015年第三期开元信贷资产证券化
发行时间	2015年8月
计划管理人	外贸信托

---

① 孙彬彬、周岳:《公共事业资产证券化:PPP融资新渠道》,《招商证券固定收益研究》2005年第6期。

② 朱世亮、赵菁:《以资产证券化与PPP结合模式化解地方债的路径初探》,《证券法苑》2015年第14期。

续表

原始权益人	国家开发银行
基础资产类型	棚户区改造贷款
募集资金规模	30.4亿元
内部信用增级	优先/次级结构
外部信用增级	无

开元2015年第三期信贷资产支持证券（以下简称"15开元3"）的原始权益人——国家开发银行，是我国信贷资产证券化领域的先行者。近年来国开行服务国家战略，持续加大对棚改的支持力度。截至2015年8月，该行已累计发行17单证券化产品，规模共计1 461.18亿元，在丰富基础资产类型、创新产品设计、拓展投资人群体等方面做出了有益探索。根据此前国家开发银行关于《开元棚户区改造贷款资产支持证券的注册申请报告》，国家开发银行将在自获准注册之日起两年内发起100亿元人民币基础资产为棚户区改造项目贷款的资产支持证券，发行期数预计2—3期。

国家开发银行于2015年8月10日在银行间市场发行2015年第三期开元信贷资产证券化产品，规模30.4亿元，成为首单棚改贷款资产证券化产品，也是国内首次通过注册制发行的对公贷款证券化产品，本期资产支持证券是国开行加大力度支持棚户区改造的又一创新成果，对探索通过证券化方式盘活存量资产，为棚改建设提供可持续的资金支持具有积极意义。

本期资产支持证券分为优先A-1、优先A-2、优先B和次级档，采用簿记建档方式发行，优先档加权期限分别为0.43年、1.67年、3.39年，中标利率分别为3.5%、4.05%、5.4%，认购倍数达1.59倍。

（1）交易结构

"15开元3"的交易结构与普通信贷资产证券化类似，由国开行作为发起机构以部分棚改信贷资产作为信托财产信托给受托人设立特殊目的信托。受托人向投资者发行资产支持证券，并以信托财产产生的现金流为限支付资产支持证券的本息及其他收益。"15开元3"的交易结构如图2-2所示：

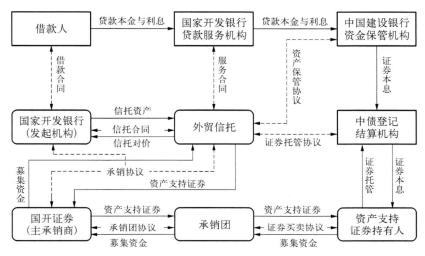

图2-2 "15开元3"的交易结构

资料来源：发行说明书，招商银行

（2）基础资产

发行说明书显示，"15开元3"的基础资产为国开行在2009—2013年形成的存量棚改贷款，贷款资金主要用于棚改项目拆迁、新建及购买安置房、货币补偿，以及棚改项目规划范围内的配套基础设施建设。涉及11户借款人的14笔贷款，付息方式均为按季付息，付息方式为浮动计息。"15开元3"的基础资产池详细信息如表2.3所示：

表2.3 "15开元3"的基础资产池信息

基 本 情 况	数 值
贷款笔数（笔）	14
借款人户数（户）	11
入池总金额（万元）	643 530
借款人平均未偿本金余额（万元）	27 645
单笔贷款最高本金余额（万元）	45 000
单笔贷款平均本金余额（万元）	21 721
加权平均剩余期限（年）	3.45

结构化融资工具案例分析

续表

基 本 情 况	数 值
加权平均账龄(年)	4.43
贷款最长剩余期限(年)	4.51
贷款最短剩余期限(年)	0.48
加权平均贷款利率	5.80%
最高贷款利率	6.55%
最低贷款利率	5.50%
入池资产加权平均初始贷款价值比	21.37%
前五大借款人未偿本金余额占比	79.37%

入池棚改贷款的还款来源包括企业现金流和项目现金流两类,其中项目现金流又分为:① 委托代建、PPP、政府购买服务等合同对价款;② 项目配套商业设施租售款及安置房超面积补差款。根据发行说明书披露,"15 开元 3"入池棚改贷款中,11.51%贷款的还款来源是企业现金流,84.87%贷款的还款来源是项目现金流①,3.62%贷款的还款来源是项目现金流①和②。具体情况如图 2-3 所示:

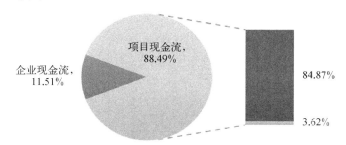

图 2-3 入池棚改贷款的还款来源

(3) 增信措施

棚改贷款资产证券化的增信措施主要是通过证券分层来实现,在现金流分配时,按顺序依次支付税费、相关机构报酬、优先 A 档本息、优先 B 档本息、次级档证券本金和收益,次级档证券为优先档证券提供 8.22％的信用支持,次级档证券和优先 B 档证券为优先 A 档证券提供 18.28％的信用支持。

表 2.4 分 层 证 券

债券名称	发行日期	证券类型	预计期限(年)	评级	发行利率(％)	发行金额(万元)	厚度(％)	付息频率
15 开元 3A1	2015/8/10	到期偿还	0.36	AAA	3.5	69 800	22.95	M3
15 开元 3A12	2015/8/10	过手型	2.85	AAA	4.05	178 700	58.76	M3
15 开元 3B	2015/8/10	过手型	3.85	A+	5.4		10.06	M3
15 开元 3C	2015/8/10		4.36				8.22	

2.3.2 华能澜沧江水电收益案例

表 2.5 华能澜沧江水电收益专项资产管理计划项目概况

项目名称	华能澜沧江水电收益专项资产管理计划
发行时间	2006 年 4 月
计划管理人	招商证券股份有限公司
原始权益人	云南华能澜沧江水电有限公司
基础资产类型	电厂电力销售收益
募集资金规模	20 亿元
内部信用增级	优先/次级结构
外部信用增级	中国农业银行提供担保

2006 年 5 月,澜电收益在深圳证券交易所成功发行。该项目以云南华能澜沧江水电有限公司拥有的专项计划成立之次日起 5 年内特定期间(共 38 个月)漫湾发电厂的水电销售作为基础资产,发行总规模为 20 亿元的受益凭证。其中,优先级受益凭证总规模为 19.8 亿元,刺激受益凭证为 2 000 万元。优先级受益凭证分为 3 年期、4 年期和 5 年期 3 个品种。其中,3 年期和 4 年期为固定利率品种、5 年期为浮动利率品种。

结构化融资工具案例分析

（1）交易结构

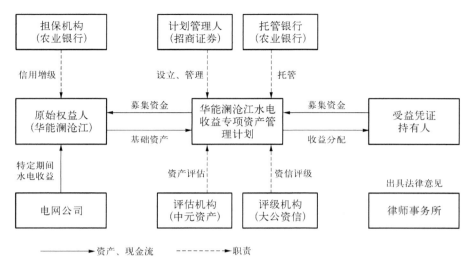

图 2-4 "澜电收益"交易结构图

（2）项目创新

此案例的亮点在于固定浮动收益率与现金流分层技术。因为从原始权益人的角度出发，这样的措施能够有效提高资本效率，同时降低融资成本；而从投资人的角度看，这样可以带来可预期的稳定收益，而且能够大大降低投资风险。

该项目采用优先级和次级的增级方式，是由原始权益人认购 2 000 万元次级受益凭证，在计划期满优先级产品本息全部得到偿付后才能享受计划收益，从而实现信用提升；采用分期限设计，将优先级产品存续期限分为三期，分别是 3 年、4 年和 5 年；在外部信用增级方面，由中国农业银行为澜电收益提供无条件不可撤销的连带责任担保。

（3）优势分析

一是优化融资结构。目前，在水电建设中，国内贷款和自筹资金的间接融资方式是绝对主角，而市场化的融资方式利用很少，融资成本较高。该计划拓宽了水电站项目的融资渠道，优化了发电企业的融资结构，丰富了发电企业的融资手段。

二是降低融资成本。该计划通过资产证券化平台，采用超额抵押、现金储备、优先/次级等内部信用增级和农业银行提供不可撤销担保的外部信用增级的方式为华能澜沧江水电有限公司带来了20亿元的低成本资金。据测算,该项目与同期银行贷款相比,资产证券化融资为其节约融资成本1.9亿元左右,效益明显。

三是提高融资效率。资产证券化只需证监会审批,审批时间仅需要2个月到半年;而企业债券发行需要向国家发改委审批额度,证监会批准,审批时间长达9个月到1年。

四是未改变资产的所有权。在目前资产证券化的模式下,发电厂出售未来一定时间的现金收益权,但实物资产所有权并没有改变,这一点对大型水电项目尤为重要。

(4)缺陷分析

一是未实现"真实销售"。在当时该项目的具体操作中,华能澜沧江水电有限公司与招商证券之间的实质是一种信托法律关系,因此一定时期的收益权并未脱离原始权益人而进入澜电收益。由此可见,该案例中的基础资产并未实现真正意义上的"真实出售"。

二是信用增级主要依靠第三方担保。由于基础资产并未实现"真实出售",一旦原始权益人发生破产等情况,已经证券化的收益权是否能不随原始权益人的破产而继续为投资人提供现金流缺乏法律保护。因此,在这个交易结构中,由担保机构对原始权益人提供不可撤销的连带责任担保的外部信用增级。

三是未能实现表外处理。为了减少资产转让有关的潜在税务责任,如重复征税等,发起人向第三方担保人提供反担保,以"确保"没有会计上的资产转让发生。这种安排必然是一种表内处理,无法实现基础资产的表外融资[①]。

2.3.3 总结

在上述两个案例当中,虽然都是资产证券化在公共事业当中的应用,但前者是由银行业金融机构作为发起人,通过信托计划的方式,以资产支持证券(ABS)的形式,由受托机构面向投资者发行受益证券。而后者是证券公司

---

① 侯志毅、朱豪、刘斯宏等:《华能澜沧江水电资产证券化探讨》,《21世纪经济报道》2014年第10期。

以专项计划(Specific Asset Management Plan,SAMP)的方式,在中国证券监督管理委员会的监管下开展,其基础资产是企业未来能产生可预期且稳定现金流的资产,而非信贷资产。

1. PPP项目资产证券化的会计处理

对于PPP项目资产证券化,我国目前没有明晰具体的会计处理规定。从会计学角度,对已经"真实出售"的债券,我们比照国际会计准则和我国信贷资产证券化的会计处理。但公司资产证券化的表外资产,多属于一般所说的经济资产,在现行的会计框架下,是不能反映到财务报表上的。

会计学上承认的资产,需要具备以下三个要素:

① 可能的未来经济利益;

② 企业或拥有或控制;

③ 基于已发生的交易或者事项。

除了资产定义的三要素之外,还需满足以下三条确认的经济资产,才能够在资产负债表上反映出来:

① 与该资源有关的经济利益很可能流入企业;

② 该资源的成本或者价值能够可靠地进行计量。

其实,公司资产证券化的表外资产,也就是未来收益权,大多都和主营收入相联系,收入的过程并没有完成的话,按照以上的定义,肯定是不能反映在资产负债表中的。

出售未来收益权而相应收取的对价是一项负债,有两种记账方式:一种是记入债务;另一种则是记入递延销售收入。若交易满足下面其中一条,则相应对价记入债务,否则记入递延销售收入。

① 不是以"出售"为名的;

② 公司在产生应该支付给投资者的现金活动中处于至关重要的地位;

③ 在一次性付款或转让资产偿付的情况下,交易的双方都可以取消交易;

④ 交易条款当中或明确或隐含地限制了投资者的收益率;

⑤ 作为交易基础的企业收入或者盈利的波动对投资者的收益率影响甚微;

⑥ 投资者对企业是享有追诉权的。

由于从会计学角度看,PPP项目的未来收益权是被定性为债务融资的,所以会计处理问题并没有太多需要特别关注的地方。

2. PPP项目资产证券化过程中需解决的其他问题

(1) 收费权转让的合规性

在PPP项目资产证券化交易结构中,基础资产由两部分组成:第一部分为特许经营收费收入;第二部分为特许经营涉及的相关财政补贴收入所对应的债权。

特许经营收费收入系特许经营权人根据其所提供的特许经营服务而与用户之间产生的现金流入。该部分现金流入紧密依赖于特许经营权。这就在操作上产生如下问题:

① 转让特许经营收入时是否需要同时转让特许经营权;

② 如特许经营权同时转让,专项计划是否能够成为特许经营权的持有主体;

③ 如特许经营权未同时转让,收费收入单独转让是否可以满足资产证券化真实出售及破产隔离的需求。

特许经营权同时转让时的合规性:关于特许经营权能否转让,《市政公用事业特许经营管理办法》第十八条规定,获得特许经营权的企业在特许经营期间擅自转让、出租特许经营权的,主管部门应当依法终止特许经营协议,取消其特许经营权,并可以实施临时接管。同时,在各地出台的市政公用事业特许经营办法中大多规定特许经营者不得以转让、出租、质押等方式处置特许经营权。但是在《基础设施和公用事业特许经营法》征求意见稿中,明确规定特许经营者在事先征得实施机关的同意后,可将权利和义务转移至项目公司,并签订书面协议。尽管这一规定没有实施,但是我们依然可以从该等法规中窥见未来特许经营权转让的可行性。至于专项计划作为SPV能否成为特许经营权的持有主体,目前法律法规尚未有明确规定。我认为,允许专项计划持有特许经营权将有利于进一步实现真实出售和破产隔离等资产证券化必备要素,为在PPP项目中进行资产证券化操作带来便利。

特许经营权未同时转让时的合规性:如特许经营权未同时转让的,意味着特许经营权仍属于原始权益人,而依托于特许经营权产生的收费收入已转让给专项计划。这类似于一般所有权未转让而收益权转让的资产证券化项目,同样会产生收益权项目中的真实出售及破产隔离问题。如当原始权益人破产时,从目前来看,特许经营权所产生的收费收入应当纳入破产财产的范围。这对于在该项目下资产支持证券的持有人来说将面临兑付危机。

对于相关财政补贴收入所对应的债权部分转让性质上属于债权转让的,《合同法》第八十条规定:债权人转让权利的,应当通知债务人。未经通知,该转让对债务人不发生效力。债权人转让权利的通知不得撤销,但经受让人同意的除外。因此,在该部分基础资产转让时,原始权益人应当按照前述规定对债务人政府履行相应的通知义务。但是,鉴于该部分债权的债务人为政府,该部分债权系依据特许经营服务产生并针对特定的特许服务提供者,是否能够脱离特许经营权作单独转让目前未有明确规定。

(2) 配套措施的缺失

这里主要探讨是否可以通过将PPP项目中的基础资产作为质押权益标的来进行增信的配套措施。在PPP项目中,基础资产主要选择为依托于特许经营权而产生的未来一定时期内的收费收入及已经约定的政府财政补贴。前述基础资产的基础合同为项目公司与用户之间的公共服务供应合同和PPP项目合同。但是根据《应收账款质押登记办法》规定,本办法所称的应收账款是指权利人因提供一定的货物、服务或设施而获得的要求义务人付款的权利,包括现有的和未来的金钱债权及其产生的收益,但不包括因票据或其他有价证券而产生的付款请求权。本办法所称的应收账款包括下列权利:(三)提供服务产生的债权;……(五)提供贷款或其他信用产生的债权。对于公共服务供应合同来说,符合上述办法第(三)项关于可以登记的应收账款。但是PPP项目合同中关于政府补贴的约定是否可以作为应收账款,纳入本法规定的登记范围,并无明确规定。对于该种由政府信用支持所产生的债权是否属于第(五)项的兜底范围以及在实际登记系统中的可操作性还有赖市场实践的进一步认定,需要进一步完善以促进PPP项目中资产证券化的发展。

(3) 信用风险的防范

虽然资产证券化破产隔离机制将资产从PPP项目公司中分离,然而一旦项目出现建设或运营问题,则很难保证产生稳定的现金流。尤其是目前PPP项目立法位阶比较低,一旦涉及收费权、经营权等方面的政策发生变化,很容易诱发项目现金流出现问题。

因此，我认为可以从以下两个方面进行防范：一方面应在交易开展前强化法律尽职调查，分析研究涉及应收账款的合同条款，确保基础合同不存在可能导致账款无法收回的根本性缺陷；另一方面要完善信用评级和增信机制，通过保证金、担保等措施提高债券的信用等级，并建立完善的预算管理、审计披露、跟踪评级等制度，以确保在现金流出现不利变动时迅速采取措施防止损失。

在信用增级方面，为了降低对抵押、担保、保证等传统对外部增信的依赖，突显资产证券化特有的依靠项目自身收益融资的优势，可以创新内部增级机制：如监测超额利差指标，当基础资产产生的现金总收益减去利息、服务费和违约坏账损失后的超额收益为负时，由发起人从事先设立的准备金账户或现金担保账户支付证券化本息收益，以激励发起人强化内部管理以获取超额收益；在债券内部使用结构化设计，当资产池出现违约时，首先由次优先级承担，优先级债券始终得到优先偿还；设置超额担保机制，即基础资产的总值超过债券的发行额度，超出部分没有利息收入，视为发起人对债券投资者提供的保障；设置加速清偿机制，即当发起人破产、基础资产违约率达到一定比例或超额利差下降至一定水平，本金将进入加速清偿阶段，以保证优先级证券的本金偿还[1]。

2.4 北京首创资产证券化方案设计

2.4.1 公司简介

北京首创股份有限公司凭借清晰的战略规划和灵活的经营理念，短短十多年时间，潜心培育出资本运作、投资、运营、人力等各方面竞争优势，具备了工程设计、总承包、咨询服务等完整的产业价值链，成为中国水务行业中知名的领军企业。公司在北京、天津、湖南、山西、安徽等17个省、市、自治区的49个城市拥有参控股水务项目，水处理能力达1 600万吨/日，服务人口总数超3 500万人。截至2015年3月31日，公司总股本24.10亿股，总资产264.09

---

[1] 黄华珍：《PPP项目资产证券化退出机制的法律分析》，《研究与探讨》2015年第11期。

亿元,净资产98.17亿元。

1. 基本条件

首创公司的主营业务保持稳定之态,而且所在服务区域收取水费的总收入也在逐年增加,预期收入可以进行预测。水费收入的资产可进行预估和统计,且相对容易进行剥离,具有一定定量规模。相对来讲,将水费未来收入作为资产证券化的基础资产,风险较小。

资产证券化业务对供热、供水等基础设施行业的原始权益人有以下几点要求:

第一,成立满三年,公司背景为国企或民营企业的行业龙头企业为佳;公司的主营业务在所在城市应该处于垄断地位或所占市场份额不低于30%。

第二,公司为地市级(含)以上有独立、持续、稳定的现金流的供热、供水等业务的特许经营权的公司。

第三,近三年的会计师事务所出具的审计报告需为无保留意见的审计报告;公司的资产负债率不超过80%,在过去三年持续盈利;公司的经营性现金流要求为正;若经营状况尚可,短期亏损额度不大,而收费权资产较优质的公司也可加以考虑。

第四,公司或能为其提供担保的公司信用评级可达同等外部评级AA(含)以上[1]。

对比以上条件要求,首创公司基本都达到实现资产证券化业务的标准,部分不达标的地方也正是资产证券化过程需要重点解决的部分。因此首创公司实行PPP项目的资产证券化是可行的。

2. 供水企业资产证券化优势

现在,我国供水企业在发展中资金短缺。因供水企业资金回款慢、周转时间长,欠缺流动性,所以在融资方面一直存在困难,若将其进行资产证券化,以利用供水企业的水费收入来作为还债来源,则具有"滚动式"融资的效果。水费收入资产证券化的具体优势表现在以下几个方面:

第一,提高企业资产的兑现能力,优化财务报表,提高资本充足率和流动性。通过PPP项目的资产证券化,首创公司能结合自身周期特点选择投资项

---

[1] 许巍:《长春供热公司资产证券化融资策略研究》,吉林大学大学2015年硕士学位论文。

目,从而提高流动资金的使用效率。资产证券化是一种表外融资方式,能改善首创公司各项财务比率,从而提高财务管理水平。

第二,增加融资渠道,有效降低融资成本。根据所发行证券的评级不同,可差别进行成本定价,比如:AAA级:6.0%—6.7%;AA+级:7.0%—7.5%;AA级:8.0%—8.5%。

第三,手续简便。

第四,在有未来稳定现金流作支持的情况下,对企业本身资信要求不苛刻。

第五,资金用途不受限制,相对自由,且无须做相关披露。随着首创公司的不断发展,每年新增供水区域增多,水费收入也随之增加,可融资规模也随之加大。

第六,首创公司率先以水费收入证券化融资,会为供水企业开创一条新融资渠道路,能加强自身品牌效应,提高公司知名度,并产生一定的地域影响。

2.4.2 业务流程

1. 交易结构与参与主体

资产证券化设计的核心之处为交易结构,也就是确定参与主体并进行运作机制的设计。

第一,确定参与主体。参与主体主要包括原始权益人北京首创公司、发行人和主承销商证券公司、合格的机构投资者、托管银行及监管银行、会计师事务所、律师事务所等第三方服务机构。

第二,设定运作机制。北京首创公司资产证券化的运作机制,主要有组建水费收入基础资产池、设立 SPV 专项计划、信用评级与增级、确定收益分配机制、资产支持证券委托发行等环节。

2. 组建资产证券化的资产池

并不是所有资产都能作为基础资产用于证券化融资,供水等基础设施行业的基础资产选择标准需符合以下几点:

第一,水费收费权资产可以独立于原始权益人的其他资产,不存在与原始权益人的其他资产权属区分问题,收费权资金可形成封闭监管资金流,独立于原始权益人其他资产形成的现金流。

第二,水费收费权属清晰,收费权资产具有完整性,无不得转让等限制性规定,基础资产以及与其相关的土地、厂房、设备等未设定抵押权、质押权或其他担保物权。

第三,特许经营权的剩余时间需覆盖专项计划存续期。

第四,评级要求:优先级的评级应当在 AA 以上。

第五,期限要求:产品存续期限不超过 5 年,加权期限不超过 4 年。

根据对供水企业可证券化的基础资产的选择标准,筛选出原始权益人即北京首创公司用于组建水费收入证券化基础资产池的基础资产,即公司在特定期间与特定用户签署的公司享有的按期收取水费的合同债权及其他权利。

2.4.3 创建风险隔离机制

创建风险隔离机制主要包括两个方面的内容:一是设立专项计划 SPV;二是把基础资产水费收入真实出售给 SPV。

北京首创公司把水费收入作为基础资产出售给专项计划,这样就使得基础资产与公司其他的资产相剥离,也就是风险隔离机制创建的过程,将基础资产风险转移给 SPV。这样一来,即使以后北京首创公司出现资金链断裂或其他资金不足甚至有可能导致北京首创公司破产的情况,已发行资产证券化产品的风险与收益并不会受其他资产风险和收益的影响。也就是说由水费收入组成的基础资产部分与首创公司以后再没有关系,北京首创公司失去了这部分资产的所有权和相关权益,投资者购买资产证券化的产品不用对公司发生的其他风险承担责任,而且有其他风险时,其他债权人无权对专项计划所购买的资产进行追索,这样也就达到了破产隔离的效果,但从其操作流程来看,是否能够"真实出售"成为最关键的一步。

2.4.4 资产的信用评级与增级

信用评级是指由专业信用评级机构对资产支持证券的投资者的应得权益进行评估。评级不考虑投资者可能面对的利率波动等市场性风险,主要侧重在产品的信用风险及证券化运作的风险。信用增级是指通过内部或外部的手段提升产品的信用等级从而使资产支持证券能够按时支付本息,以提高交易安全性的做法。下面就来分析一下北京首创公司资产证券化过程中的信用评级与增级方式。

1. 信用评级

信用评级机构主要从基础资产池、产品的交易结构、参与主体三方面来进行分析，从而评估资产支持证券的信用风险。在此方案中，也就是根据作为基础资产水费收入情况、资产证券化的交易结构、担保方式等因素，北京首创公司以水费收入作为基础资产的资产证券化理论上可以评估为 AAA 级以上。但为确保能够成功进行资产证券化融资，则需信用增级策略使其争取达到 AAAA 的信用评级结果。

2. 信用增级

信用增级分为内部增级和外部增级。内部增级的主要方式有优先、次级结构化设计、超额现金流覆盖、差额支付、利差账户、回购等。外部增级可由大型商业银行或国有企业提供第三方担保。北京首创公司的资产证券化可以选择以下增级方式：

第一，优先级、次级产品结构分层设计：北京首创公司水费收入资产支持证券可分为优先级和次级两类。优先级资产支持证券主要是在交易所挂牌发行的融资渠道，通畅规模较大；而次级资产支持证券可由北京首创公司自己认购。优先级资产支持证券的本息分配，偿付顺序都在次级资产支持证券之前，支付优先级本息后的剩余部分为次级资产支持证券收益。这也就是说，由北京首创公司自己全额认购的次级资产支持证券为优先级资产支持证券提供了信用增级。

第二，超额现金流覆盖：通过压力测试的测算结果，可以得出基础资产现金流入与当期优先级证券预支付金额的覆盖比率大于 1 的概率为 100%，即说明北京首创公司是有足够到期兑付能力的，为优先级证券提供了足够的信用支持。

第三，承担差额补足义务：北京首创公司与计划管理人（合作的证券公司）按资产买卖协议的约定，在支付价款购买基础资产前，需签署差额补足承诺函，重点承诺与保证：在专项计划存续期间，专项计划账户内资金余额按标准条款约定的分配顺序不足以支付优先级资产支持证券预期支付额，则北京首创公司将依据差额补足承诺函承担差额补足义务。

第四，基础资产回购：指发生加速清偿或违约事件时，宣布专项计划进入加速清偿阶段,此时证券提前到期的,计划管理人则应按照资产买卖协议的约定以自有资金回购剩余基础资产。

第五,保证人担保:可采取引入第三方担保机构担保的方式实现信用增级。这里可选择北京首创公司的合作单位安顺供水总公司作为保证人,从而利用外部增级的方式实现信用增级。

第三章 动态资产池资产证券化

3.1 动态资产池

3.1.1 定义

动态资产池主要是指标的资产的期限与资产证券化债券的期限不同，往往采用循环购买期限相对短的标的资产来维持资产池规模，满足流转于市场所需的证券的期限与规模，实现资金的流动性。SPV 在一定期限内收到的现金流不是直接转付给投资者，而是继续将其留在资产池内，并用之购买新的资产，以维持资产证券化资产池的稳定性，此后再将本金有控制地分期偿付给投资者，或者到期一次性支付给投资者。

例如，以期限为 60 天到 120 天的信用卡应收款为资产池，发行期限为 5 年的资产证券化。在这样的资产证券化结构中，资产池规模被设计成循环购买的方式。即在 4 年的期间里用收到的信用卡贷款本金循环购买新的信用卡应收款，以保持初始信用卡贷款资产池的规模，在此后剩余的 12 个月内向投资者分期偿付本金。或者在 5 年的时间里将收到的本金全部用于循环购买新的信用卡贷款应收款，在到期日向投资者一次性支付全部本金。

3.1.2 特点

1. 期限短

信用卡贷款、商业票据、汽车贷款、贸易应收款等期限较短或极短（信用卡贷款期限一般为 3—6 个月，商业票据一般为 30 天以内），而对应的资产证券化债券的期限较长，一般是 5—10 年。短期限基础资产与长期限资产证券化债券之间的期限极其不匹配。如果简单地如住房抵押贷款资产证券化那样进行转付，只能导致资产池的过早枯竭，无力支持长达 5—10 年的债权要求。

2. 循环购买标的资产

用基础资产产生的现金流购买基础资产。而一般下列情况存在时可以采用循环购买：具有相当规模资产池，即资产池中拥有大量可供投资的现金；有新的基础资产在一定期限内进入资产池；流入专项计划的现金流流入与流出不相匹配，并且流入资金一般期限较短。例如：信用卡贷款、小额贷款。

3.1.3 动态资产池中基础资产的特点

标的资产必须要有稳定的现金流，资产池中的单个资产要足够分散，SPV 正式地购买了与发起人资产相关的现金流，这样，这些资产就从后者的资产负债表中剥离出来了。

基础资产池需要考虑以下因素：资产范围，能够提供稳定预期现金流，单个资产规模不能太大；期限结构，即期限结构相互匹配的过程；行业分布，行业应较为分散，这样能降低风险；资产质量，应为优良资产；地域分布，扩大地域分布分散风险；现金流，基础资产现金流应与资产支持证券结构设计支付的本息相匹配。如信贷资产，其现金流为每期本金和利息的归集，而后需要账户锁定现金流归集路径循环购买，即指可以用基础资产产生的现金流购买基础资产。而一般下列情况存在时可以采用循环购买：具有相当规模资产池，即资产池中拥有可供投资的大量现金；有新的基础资产在一定期限内进入资产池；流入专项计划的现金流流入与流出不相匹配，并且流入资金一般期限较短。例如：信用卡贷款、小额贷款。

3.2 如何资产证券化

资产证券化（Asset-Backed Securitization，ABS）是指发起人将缺乏流动性，但稳定且可预测现金流的资产或资产组合（基础资产）出售给特定的机构或者载体（SPV），并以该基础资产产生的现金流为支持发行证券（资产支持证券），用以获得融资并最大化提高资产流动性的一种结构融资手段。

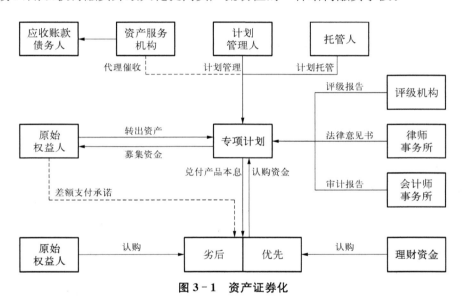

图 3-1 资产证券化

3.2.1 主要参与主体

表 3.1 主要参与主体和主要职责

参 与 主 体	主 要 职 责
原始权益人/资产服务机构	负责提供基础资产，共同甄选本次交易的主要参与方，并负责后续的资产管理
特殊目的载体（SPV）	专项计划，承接基础资产，作为发行产品的载体
计划管理人	负责产品的发行和管理，包括基础资产的选取、产品的设立和管理、各主要参与方的甄选等各项工作

续表

参 与 主 体	主　要　职　责
资产保管机构/托管机构	具有托管资格的商业银行(招商银行),负责产品的账户管理和资金划拨
评级机构	对产品进行信用评级,出具评级报告
会计师事务所	对金融资产的终止确认(出表)、交易涉及的税务等问题出具专业意见
律师事务所	对产品设计的合法性以及各环节涉及的法律问题出具法律意见书
评估机构	对基础资产历史经营数据进行审计,并对基础资产未来收益进行分析预测,出具预测报告

3.2.2　基础资产的选择

选择合适的资产并组建资产池是进行资产证券化产品设计的首要一步。由受托机构与主承销商根据发行说明书规定的信贷资产选择标准,从发起机构现有的个人消费信用贷款项下的信贷资产的资产包中选取产生参照资产池,在信托财产交付日后,受托机构将会持续购买其他个人消费信用贷款进入本次交易资产池。能作为动态资产池的基础资产一般期限都相对较短,因此要从财务、评级、离散度等方面综合考虑入池资产。

3.2.3　SPV 的设立

SPV 是信用卡资产证券化交易结构的核心和中枢,是为了实现破产隔离而设立的特殊目的机构。SPV 通过将资产池的风险和其他资产的风险进行隔离,把发起人不愿意或不能承担的风险转移给愿意而且能够承担的人,同时让证券投资者只承担他们所愿意承担的风险而不是发起人所面临的所有风险。现金流支付机制根据不同资产现金流支付状况分别按相应顺序支付现金流。

3.2.4　信用增级的方式

信用增级机制在信用卡资产证券化中起到重要的作用,通过信用增级可以提高证券化产品的信用等级和交易的安全性,以最优的交易结构满足投资者的要求。招商银行信用卡证券化采用的是优先/次级结构和信用触发机制两种内部措施进行信用增级,并没有采取外部信用增级措施。优先/次级结构的信用增级措施中,劣后级证券需要先行承担资产池产生的损失,证券按照本金优先偿付顺序分为优先A档、优先B档和次级档证券,以此为优先级证券提供信用支持。

违约事件发生前加速清偿事件及违约事件发生前的信托储备金账项下资金分配每个信托利益核算日,已存入信托储备金账的最近一个收款期间内收到的收入回收款,以及信托储备金账资金及信托本金账资金进行合格投资的金额按:① 税费;② 贷款服务机构以外中介机构报酬(优先支付上限以内);③ 不超过10%贷款服务机构当期报酬;④ 优先A档利息、优先B档利息;⑤ 剩余贷款服务机构报酬;⑥ 贷款服务机构以外中介机构剩余报酬;⑦ 不超过6%的次级档利息;⑧ 转入信托本金账。如不足以分配,同一顺序的各项按应受偿金额的比例分配,所差金额在下一期分配。

加速清偿事件及违约事件发生前信托本金账项下资金的分配信托本金账项下资金按照如下顺序支付:① 信托运营期内持续购买标的资产;② 准入信托储备金账弥补不足;③ 信托合同相关费用;④ 优先A档本金;⑤ 优先B档本金;⑥ 次级档本金及收益。

信托储备金账项下资金的分配加速清偿事件发生后信托储备金账项下资金按照相关税费、贷款服务机构以外中介机构费用、10%贷款服务机构报酬、优先A档和B档利息、剩余贷款服务机构报酬、优先A档和B档本金、次级证券本金和收益的顺序进行分配。

违约事件发生后,全部回收款依次按照税费、所有中介机构报酬、优先A档利息和本金、优先B档利息和本金、次级档本金和收益的顺序进行支付。

3.2.5 持续购买

利用"循环购买"构建"动态资产池"时,证券的现金流结构不能像其他资产支持证券一样,在一开始就对投资者有规律地偿付本金和利息。在信用卡资产证券化中,现金流结构需要分成两部分——循环期和本金摊还期。在循环期中,发起人可以利用信用卡应收账款本金产生的现金流用于"循环购买"新的信用卡应收款,并不用于偿付证券的本金。而信用卡应收款的生成的收入将用于偿付证券的利息。当循环期结束后,证券进入本金摊还期。在这个阶段将不再通过"循环购买"新的应收账款,而是将应收账款产生的现金流用于偿还本金和利息。循环期结束后,证券本金的偿付有两种方式:一种是本金被多次偿还完毕;一种是本金在证券到期日被一次性偿还完毕。这同时显示了两种偿付方式的现金流结构。

3.3 案例分析

永盈 2015 年第一期消费信贷资产支持证券(以下简称"15 永盈 1")于 2015 年 7 月 15 日在全国银行间债券市场发行,发行规模为 369 919 万元,是银行间市场发行的首单采用动态资产池的信贷资产证券化产品。

3.3.1 资产证券化的过程

1. 交易结构

宁波银行作为发起机构,将持有的个人消费信用贷款业务项下的信贷资产委托给作为受托机构的国元信托,由国元信托设立永盈 2015 年第一期消费信贷资产支持证券信托。受托机构以信托财产为支持发行优先 A 档、优先 B 档和次级档资产支持证券。优先档资产支持证券以公开招标方式发行(向发起机构定向发行的资产支持证券除外),次级档资产支持证券以招标发行方式发行(向发起机构定向发行的资产支持证券除外),发起机构同比例持有各档证券的 5%。

2. 基础资产池

在银行间市场发行的信贷资产支持证券中,本期产品的基础资产具有两个鲜明的特点:一是入池资产为个人消费信用贷款;二是采用了循环购买的动态资产池。在此之前由商业银行发起的资产证券化产品,其基础资产都是企业贷款,且均为静态池。2014 年由平安银行发起的平安银行 1 号小额消费贷款证券化信托资产支持证券(静态池)选择了在上交所上市,而动态资产池技术被普遍应用在交易所的小贷资产证券化和租赁资产证券化中,此次"15 永盈 1"在银行间发行具有一定的创新和突破。

第三章 动态资产池资产证券化

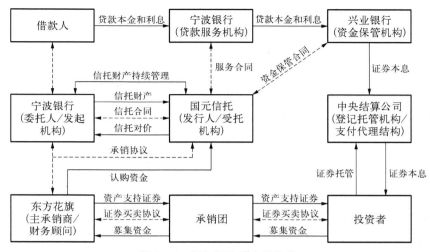

图3-2 "15永盈1"交易结构

资料来源：发行说明书，招商证券

与静态池产品从初始起算日起就确定入池资产并保持固定不同，本期产品由受托机构与主承销商根据发行说明书规定的信贷资产选择标准，从发起机构现有的个人消费信用贷款项下的信贷资产的资产包中选取产生参照资产池，在信托财产交付日后，受托机构将会持续购买其他个人消费信用贷款进入本次交易资产池。

本期产品参照资产池共有34 130笔贷款，涉及23 345个借款人，平均本金余额10.84万元，前十大借款人贷款余额0.14%，前二十大借款人贷款余额占比0.27%，借款人的分散度非常好。

表3.2 同类产品资产池信息比较

项　　目	15永盈1	14平安
资产池基本情况		
总本金余额(万元)	369 919	263 085.52
借款人数量(人)	23 345	93 021
贷款笔数(笔)	34 130	96 187
单笔贷款最高本金余额(万元)	50	15
单笔贷款平均本金余额(万元)	10.84	2.74

结构化融资工具案例分析

续表

项　　目	15永盈1	14平安
加权平均贷款年利率(%)	8.33	8.61
单笔贷款最高年利率(%)	11.20	17.22
加权平均贷款剩余期限(月)	5.74	25.46
加权平均贷款账龄(月)	4.58	10.3
加权平均借款人年龄(岁)	36.67	36
单笔贷款最长剩余期限(月)	20.37	36
单笔贷款最短剩余期限(月)	0.03	1
集中度		
贷款最集中的前十大借款人集中度(%)	0.14	未披露
贷款最集中的前三个省份集中度(%)	95.68	70.15
信用状况		
正常类(%)	100	100

资料来源：发行说明书，招商证券

在地域分布方面，由于城商行的业务特性，借款人主要集中在浙江、江苏、上海、北京等地区，前三大省份贷款余额占比95.68%，高于"14平安"，但是由于本期产品参照资产池贷款笔数非常多，降低了地域分布相对集中的风险。

从借款人职业分布看，发起人的消费信贷业务的目标客户收入稳定，还款意愿和能力较强，借款人职业分布排前五的为行政人事人员、文教卫体人员、医疗保健人员、金融专业人员和计算机电子工程，占贷款余额的85.26%。

参照资产池中贷款加权平均剩余期限为5.74月，单笔贷款最短剩余期限仅为0.03月，贷款期限较短，在信托运营期内本期产品会循环购买符合发行文件要求的个人消费贷款资产。由于发起机构个人消费贷款业务贷款余额规模较大，约为本期产品发行规模的9.23倍，循环购买期的购买率较为充足。

本期产品还设置了不合格信贷资产的赎回条款,当受托机构或贷款服务机构发现不合格资产时可要求发起机构进行赎回。

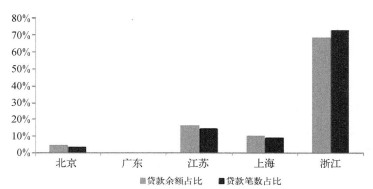

图 3-3 "15 永盈 1"参照资产池前五大省份分布

资料来源:WIND,招商证券

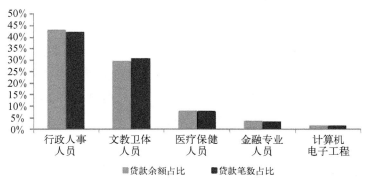

图 3-4 "15 永盈 1"参照资产池前五大职业分布

资料来源:WIND,招商证券

参照资产池加权平均贷款年利率为 8.33%,根据发行文件规定,单笔贷款的贷款利率不低于贷款发放时人民银行公布的一年以内(含一年)贷款基准利率的 1.1 倍(含),初始资产池和信托运营期内新购买贷款的加权平均贷款利率不低于贷款购买时人民银行公布的一年以内(含一年)贷款基准利率上浮 1.4 倍(含),因此本期产品基础资产池具有较高的差额利差保护。

个人消费信贷业务是发起机构推出的小额贷款产品,面向个人客户,根据借款人职业、收入、信誉度及贡献情况,向借款人提供一定额度的人民币信用授信业务,最高授信额度为 50 万元。授信目标客户为收入较为稳定的公务员;教师、医生或其他事业单位编制人员;金融、电信、电力、烟草、炼化、港务、盐务、律师、会计师等行业普通工作人员。贷款只能用于特定用途个人消费,单笔贷款期限不得超过1年。

发起机构自2005年以来,个人消费信用贷款业务在授信额度、贷款余额及授信户数等方面均呈逐年稳步递增趋势。截至2015年5月末,发起机构共有个人消费信用贷款客户275 250位;总授信余额为788.96亿元,贷款余额为340.76亿元。个人消费信贷业务不良贷款余额为6 128万元,不良率为0.18%,该项业务整体不良率较低。

3. 证券分层与信用增级

证券分层上,本期证券按照本金优先偿付顺序分为优先A档、优先B档和次级档证券,优先A档规模29.96亿元,厚度为80.99%,获得联合资信和中债资信的AAA评级。优先A档证券为过手型证券,付息方面采取浮动利率,按季付息,利率按照一年以内(含一年)贷款基准利率加上基本利差确定,预计到期日为2017年7月26日,加权平均期限为2.03年。

优先B档规模为4.4亿元,厚度占比12%,优先B档也为过手型证券,按季付息,利息同为参考一年以内(含一年)贷款基准利率的浮动利率。优先B级预期到期日为2017年7月26日,加权平均到期期限2.03年。优先B级证券获得联合资信和中债资信A的信用评级。

次级档规模2.591 6亿元,厚度占比7.01%,次级证券在各优先档全部清偿之前,可享受每年不超过6%的期间收益。优先A档可获得优先B档和次级档证券提供的19.01%的信用支持,优先B档证券可获得由次级证券提供的7.01%的信用支持。

表3.3 "15永盈1"产品要素信息

项　　目	优先A档	优先B档	次级档
发行规模(万元)	299 600	44 400	25 919
分层比例(%)	80.99	12	7.01
评级	AAA(联合资信) AAA(中债资信)	A(联合资信) A(中债资信)	无评级
预期到期日	2017/7/26	2017/7/26	2017/7/26

续表

项　　目	优先A档	优先B档	次级档
加权平均期限(年)	2.03	2.03	2.03
票面利率	浮动利率	浮动利率	无票面利率
发行利率	一年以内(含一年)贷款基准利率＋基本利差		不适用
利息支付频率	按季支付	按季支付	按季支付
还本方式	过手型	过手型	不适用

资料来源：发行说明书，招商证券

4. 现金流支付机制

"15永盈1"在信托项下设置信托收益账、信托本金账、信托储备金账，贷款服务机构于每个回收款转付日将全部回收款以及其他因信托财产所取得的款项存入信托账户，资金保管机构将信托账户收到的回收款分别记入信托收益账和信托本金账。

（1）违约事件发生前

加速清偿事件及违约事件发生前的信托储备金账项下资金分配每个信托利益核算日，已存入信托储备金账的最近一个收款期间内收到的收入回收款，以及信托储备金账资金及信托本金账资金进行合格投资的金额按：① 税费；② 贷款服务机构以外中介机构报酬（优先支付上限以内）；③ 不超过10%贷款服务机构当期报酬；④ 优先A档利息、优先B档利息；⑤ 剩余贷款服务机构报酬；⑥ 贷款服务机构以外中介机构剩余报酬；⑦ 不超过6%的次级档利息；⑧ 转入信托本金账。如不足以分配，同一顺序的各项按应受偿金额的比例分配，所差金额在下一期分配。

加速清偿事件及违约事件发生前信托本金账项下资金的分配，信托本金账项下资金按照如下顺序支付：① 信托运营期内持续购买标的资产；② 准入信托储备金账弥补不足；③ 信托合同相关费用；④ 优先A档本金；⑤ 优先B档本金；⑥ 次级档本金及收益。

（2）加速清偿事件发生后

信托储备金账项下资金的分配加速清偿事件发生后，信托储备金账项下

结构化融资工具案例分析

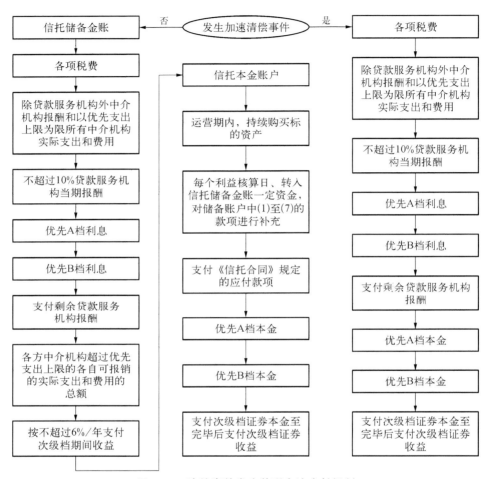

图 3-5　违约事件发生前现金流支付机制

资料来源：发行说明书，招商证券

资金按照相关税费、贷款服务机构以外中介机构费用、10%贷款服务机构报酬、优先 A 档和 B 档利息、剩余贷款服务机构报酬、优先 A 档和 B 档本金、次级证券本金和收益的顺序进行分配。

违约事件发生后，全部回收款依次按照税费、所有中介机构报酬、优先 A 档利息和本金、优先 B 档利息和本金、次级档本金和收益的顺序进行支付。

"15 永盈 1"的存续期分为信托运营期和信托摊还期，在信托运营期，优先 A 档和优先 B 档证券按季度付息，在信托摊还期，优先档证券偿还本金。其中，信托运营期为信托设立日至预期还本日、加速清偿时间发生日和违约事件发生日

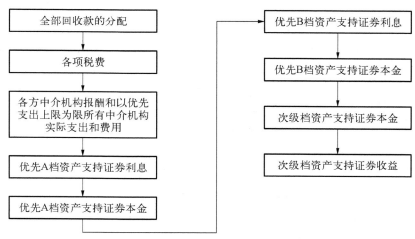

图 3-6　违约事件发生后现金流支付机制

资料来源：发行说明书，招商证券

较早发生的期间。信托摊还期指信托运营期届满日之次日起至法定到期日止的期间。根据现金流预测，预计优先档证券本金在 2017 年 7 月 26 日得到偿付。

由于在信托运营期只付息不还本，不触发加速清偿和违约事件的情况下，优先 A 档和优先 B 档证券的加权平均期限不受违约率和早偿率变化的影响，降低了资产支持证券的早偿风险。

表3.4　"15 永盈 1"未来现金流分布及本息预期回收情况预测　（单位：万元）

日　期	优先 A 档利息	优先 B 档利息	优先 A 档本金	优先 B 档本金
2015/10/26	3 979	737		
2016/1/26	3 625	671		
2016/4/26	3 585	664		
2016/7/26	3 585	664		
2016/10/26	3 625	671		
2017/1/26	3 625	671		
2017/4/26	3 546	657		
2017/6/26	2 403	445		
2017/7/26	1 182	219	299 600	44 400

资料来源：产品说明书，招商证券

5. 资产池持续购买

在信托运营期,发起机构核心系统每日按照合格标准筛选未偿本金余额总额相当于当日信托本金账现金余额1.2倍的备选资产包推送至资产证券化系统。信托本金账存在现金余额的,受托机构有权自主决定是否向发起机构购买标的资产,如受托机构决定购买标的资产,由财务顾问对资产包进行筛选后向受托机构发出资产购买建议,受托机构复核后进行购买操作。

持续购买基础资产的质量会受到财务顾问和受托机构的专业能力和尽职程度的影响。持续购买提前终止的控制措施包括:① 累计违约率等于或高于3%;② 在信托运营期内,若留存在信托本金账下可用于持续购买的现金占资产支持证券未偿本金余额的比例达到7%,且受托机构连续5个工作日未进行持续购买或发起机构连续5个工作日未向受托机构提供进行持续购买的标的资产,为触发加速清偿事件情形之一,构成信托合同约定的标的资产持续买卖的终止事由。

6. 总结

"15永盈1"是首单采用动态池结构的信贷资产证券化产品,消费信贷资产池贷款数量众多,分散性极好,借款人工作和收入稳定,具有较强的还款能力和意愿。

发起机构的个人消费信贷业务开展时间长,整体违约率处于较低水平,消费贷款业务贷款余额规模较大,循环购买期的购买率较为充足。

借款人的地域集中度和职业集中度很高,但是基于非常分散的贷款数量,基础资产池信用风险极低。

通过优先/次级的分层机制,优先A档证券能获得19.01%的信用支持,优先B档证券可获得由次级档证券提供的7.01%的信用支持,优先档证券具有较强的增信措施。

定价方面,6月份之后信贷资产支持证券发行利率一直保持在较低水平,再后中短融票据的收益率又有所下降,信贷资产发行利率应仍降处于低位。"15永盈1"的优先A档证券期限为2年,在同期发行的优先A档产品中属较长期限,需要一定的流动性溢价,优先A档发行区间应在4.2%—4.4%。优先B档信用评级为A,低于同期发行的优先B档证券,需要一定的信用风险溢价,优先B档发行区间应在5%—5.2%。

3.3.2 法律问题[①]

在我国,信贷资产证券化是指经人民银行和银监会审批,由银监会监管的金融机构作为合格发起人向合格信托机构委托资产建立起来的符合破产隔离要求的特殊目的信托。不论发起人是通过有担保基础资产还是无担保基础资产设立信托,受托人都须聘请第三方机构评估资产和证券等级;信托人向投资人发行可在银行间债券市场交易并进行到期日分组的资产支持证券以信托财产收益向投资人支付资产支持证券本息。根据该交易结构可知,资产证券化信息披露主要包括一般性信息披露和证券化信用机制信息的披露,前者如基础资产(池)、证券化交易和资产支持证券的信息披露等,后者如信用增级、评级等信息的披露等。

按照《信贷资产证券化试点管理办法》《证券公司资产证券化业务管理规定》《资产支持证券信息披露规则》等规定,概念、功能、类型、与证券类型和期限的匹配、在交易过程中发生的纠纷与损失、现金流重大变化或预期收益等信息是基础资产原则性信息披露规则的主要内容。但目前基础资产(池)并无单独的信息披露规则,而是依据《信托法》建立了管理框架。资产支持证券的信息披露内容主要包括与当期资产支持证券对应的资产池状况和各档次资产支持证券对应的本息兑付信息、临时性重大事件、第三方担保人主体或信用评级的变动以及交易合同应对交易日期、交易方向、债券品种、债券数量、交易价格或利率、账户与结算方式、交割金额和交割时间等要素作出明确约定。与资产证券化信用机制相关的信息披露须以现行信用机制为前提,包括对资产证券化发行主体风险资本充足率以及风险暴露的信息披露,发起人风险自留比例不得低于单只产品发行规模的、自留最低档次的比例不得低于最低档次发行规模的以及信用评级等信用机制的披露。

资产证券化将产生现金流的债务工具或其他可在一定期间内产生现金流的资产转变为证券,从而实现基础资产与证券之间,从短期负债到长期资产的转换、从不具流动性的基础资产到流动性工具的转换,将银行债权这一直接融资模式转化为证券交易这一间接融资模式的工具是影子银行的模式之一。因而,理解信贷资产证券化的功能,并以此为基础探析信贷资产证券化信用扩张

---

① 张春丽:《信贷资产证券化信息披露的法律进路》,《法学》2015 年第 2 期。

的本质及其风险传导机制才能在明确我国现行信息披露问题的基础上,理解量化、敏感和全面的信息披露规则的逻辑根源。

1. 源于期限转换的期限错配

资产证券化将短期债务组合转化为长期流动性工具与商业银行将储户的短期存款用作长期贷款类似。商业银行借短贷长也被称为期限转换。因而,资产证券化同样在发挥着期限转换的功能。在期限转换后风险也从贷款人手中转移给了中介机构。中介机构需承担短期资产与长期投资期限错配所产生的资金回流风险。

一项标准的资产证券化须按照非常严格的程序来完成。首先是债券发行,如商业银行或金融公司向融资主体发行信用贷款、抵押贷款、商业票据或中期票据。其次是债券仓单化,即一个或多个金融机构购买债券、完成资产隔离、将多种不同质的债券集合起来,形成贷款资产池,金融机构再将贷款证券化,如通过回购、收益互换或其他合约安排形成以稳定的现金流来支持的证券和证券资产池;由于信用贷款和无抵押债券等债务工具本身的结构要求,金融机构还须进行信用增级。最后是发行该证券,即在公开市场上融资。商业银行的期限转换是向储户支付利息以获得存款资金的短期流动性,然后再将其转化为贷款以获得资金的长期流动性期限转换的过程,这也是银行获得更高利率的过程,因而商业银行只需保持部分清偿能力,就可以解决资金回流问题。资产证券化交易将传统商业银行吸收存款、发放贷款的融资形式进一步解构为证券化的公开市场融资,故与银行在借短贷长的期限转换功能上并无差异。但相较而言资产证券化交易更为复杂,各类基础资产到期日和信用等级均有差异,金融机构的介入更深,对金融机构的信用依赖也更为严重,期限转换所产生的风险在基础资产不断被"包装"和"传递"的交易链条中并不会逐渐消失,而是传递给了交易对手方,并随证券发行蔓延至公开市场。

2. 流动性转换与期限转换风险的利用

资产证券化将不具备流动性的债务组合转化为产生稳定净资产收益的证券,与商业银行将无流动性的资产转变为有流动性的资产、将流动性较低的资产转变为流动性较高的资产类似,这也被称为资产证券化和商业银行的流动性转换。

实现流动性转换是金融机构承担期限错配风险之目的所在,是金融交易融资功能的体现。金融机构向投资者分配证券化资产收益,以解决将投资者投资转变为融资方贷款的摩擦。通过流动性转换债务人的清偿能力风险向金融机构做了转移但金融机构证券收益除以证券其他投资收益来支撑外,还须以基础资产现金流来支撑。因而,与期限转换结合起来考虑投资者市场预期不稳定或债务人丧失清偿能力,都会让金融机构面临清偿能力风险。这与商业银行将储户存款转变为商业贷款而向储户支付利息并将贷款人的清偿能力风险转化为商业银行的清偿能力风险,但存款利息实际上又以贷款利息来支撑类似,若存款客户提前兑付或贷款人丧失清偿能力,商业银行都须面对清偿能力风险。换言之,以存贷为主营业务的商业银行进行期限转换和流动性转换之后,就须面对清偿能力风险。与之相似,金融机构以资产证券化进行期限转换和流动性转换之后,也须面对清偿能力风险。因此在资产证券化交易中,由于期限转换,基础资产的债务与资产价值比例与期限错配相结合而产生的风险敞口,经证券化交易安排,完成流动性转换后,呈杠杆式效应被放大,成为现实的清偿能力风险。

3. 信用机制:信用转换的结果

资产证券化将传统商业银行吸收存款、发放贷款这种简单的融资形式解构为证券化的公开市场融资;商业银行或金融公司发行贷款、债券、商业票据或资产被证券化之后,从债务工具或资产转变为具有公允市场价值的交易工具,其信用支持主体亦发生了变化。以信贷资产证券化为例,计入商业银行资产负债表内的债务获得商业银行信用的支持,但商业银行将信贷资产转移给受托机构,进入受托机构专项资产管理计划、形成资产池后,就通过信托法律关系将作为资产支持证券基础资产的信贷资产与商业银行自有资产进行了隔离,进而在会计处理上将信贷资产计为表外交易工具。所以,经过资产证券化交易、从债务工具转变为交易工具后信用主体便不再是商业银行。企业资产、商业票据等基础资产的资产证券化交易与信贷资产的交易结构大同小异,因而信用主体同样会发生转变。

由于资产支持证券属于间接、公开的融资工具,因而其须获得可交易性以及具有公允的市场价值。在资产证券化交易结构中,这是通过市场型信用增级来完成的。信用中介机构的评级、第三方担保和资产管理工具如金融衍生品、互换和对冲基金的应用等方式是为了增加债务工具的信用质量,使其具有公开市场的可交易性和形成公允的市场价值。因而市场型信用增级将商业银行、金融机构、企业或其他融资主体的信用转变为公开市场信用,并成为资产支持证券公允价值的基础。与此同时,市场型信用机制也有其不完善性,例如在市场失灵的情况下公开市场风险的破坏力显然更大。资产证券化交易在为融资方提供融资便利、为商业银行和金融机构去刚性兑付、帮助其盘活存量资产甚至为不良贷款提供流动性的同时,也会让商业银行和金融机构放松商业审慎精神增加不良资产比例;让评级机构放松评级标准;让提供担保和套期保值工具的金融机构以最大盈利为目标。美国次贷危机时零资产净值债券的评级、全美大商业银行的坏账率,都已说明从"表内到表外"的信用转换所产生的问题。所以,法定信用增级也是资产证券化信用机制的重要内容,例如融资主体担保、清偿能力保证金以及金融机构资产支持证券发行准备金等。

综上,资产证券化的期限错配、利用和管理流动性风险即清偿能力风险、建构信用机制,是在债务工具发行、资产分类、结构化或证券化合约安排、期限配置、金融机构资本准备金、风险自留、清偿能力保障、资产评级、证券发行和公开信息披露等交易结构中完成的,对资产与证券价值比例、资产剩余期限和证券到期日、债券结构化或证券化以及信用机制等要素配置的过程。

3.3.3 会计处理[①]

1. 信贷资产终止确认问题

在信贷资产证券化业务中,终止确认问题一直是一项核心问题。对于发起机构而言,资产证券化的主要目的便是使其信贷资产"出表",从而改善其资产结构。这也就是要将转移出去的金融资产进行终止确认。具体来说,就是发起机构要按照会计准则的规定,将纳入基础资产范围的信贷资产从自身账目和资产负债表上移出,同时按其收到的对价确认收入。

一般而言,对于金融资产转移,可以进行的会计处理只有两种方式:"真实销售"和"担保融资"。被确认为真实销售,信贷资产便可以成功出表;而若被确认为担保融资,发起机构应在保留信贷资产的同时,将收到的对价确认为一项负债。然而,在信贷资产证券化业务中,发起机构在转移信贷资产的同时,往往会通过持有部分资产支持证券作为信用增级的方式提升证券产品的吸引力。这项操作的经济实质是,发起机构在将信贷资产的一大部分转移出去的

---

① 张中石:《我国信贷资产证券化会计问题研究》,财政部财政科学研究所 2014 年硕士学位论文。

同时,保留了其中的一小部分。而相应的会计问题是,金融资产是否可以分割?是否应当终止确认转移出去的金融资产从而认定为"真实销售"?发起机构持有的资产支持证券又该如何确认?这些问题一直困扰着会计学者和准则制定者,而随着资产证券化实践的发展,学者和准则制定者也先后提出了几种具有代表性的会计处理思路。

毫无疑问,资产证券化业务中的发起机构会通过各种制度设计,努力实现"真实销售"的目标。严谨实用的会计准则,将对发起机构起到至关重要的约束作用。若会计准则存在漏洞,"心怀鬼胎"的发起机构便可以在不转移重要风险的情况下,对转移出去的金融资产进行终止确认,这会严重损害会计信息的可靠性和可比性。

2. 特殊目的主体合并问题

在我国信贷资产证券化业务中,特殊目的主体以信托形式由受托人(即信托公司)建立,也可以称作特殊目的信托。特殊目的主体的建立是信贷资产证券化的中心环节,特殊的主体为资产支持证券持有人的利益持有、管理和处分信托财产并收取其产生的收益。

特殊目的主体合并问题是至关重要的。要使信贷资产证券化达到它的目标,发起机构的信贷资产就要通过"真实销售"出表,发起机构和特殊目的主体之间要实现"破产隔离"。若特殊目的主体被纳入发起机构的合并范围,"真实销售"和"破产隔离"便无法实现,发起机构就不能通过资产证券化实现其目的,特殊目的主体本身也将失去其存在的价值。

而相较于企业等比较普遍的会计主体,特殊目的主体的特殊性主要体现在以下几个方面:

第一,特殊目的主体成立的意义在于实现发起机构资产的证券化,本质上是发起机构的融资工具,资产证券化业务结束后,特殊目的主体也便自动解散。

第二,特殊目的主体是一个虚拟的主体,没有专门的管理机构和人员,根据发起机构和受托机构之间签订的信托合同设立和运行,其存在往往仅具有法律上的意义。

第三,特殊目的主体存续期间的日常业务主要由受托人根据相关合同和协议来处理,该主体不会从事合同和协议未涉及的经营活动。

第四,特殊的主体所涉及的资产全部是由发起机构委托给受托人的资产,而发起机构往往会对特殊目的主体发行的证券化产品进行少量投资。

介于特殊目的主体存在这些特点,判断发起机构是否可以控制特殊目的主体便成为一项难题。信贷资产证券化实践中,大部分资产支持证券由独立于发起机构的第三方持有,而这些资产支持证券持有人往往并不具备实质上的决策权。发起机构持有的证券虽然占比较少,但却可以通过信托合同等协议文件预先对特殊的主体的活动进行限制。

3.4 设计案例

信用卡资产支持证券于1987年在美国市场首次推出后规模不断扩大。目前信用卡ABS已经成为美国信用卡机构和商业银行的主要融资手段。以世界上最大的信用卡发行机构花旗银行为例,信用卡ABS为其信用卡业务的循环发展提供了50%的资金。

我国商业银行也在加快信用卡业务的发展步伐。信用卡业务的快速发展虽然给商业银行带来丰厚的利润,但同时也伴随着高风险。而利用信用卡资产证券化这一金融创新手段,不仅能分散风险,还能加快资金回收、提高资本充足率、腾挪出信贷空间开展新的业务。因此,发展信用卡资产证券化业务将是我国商业银行的必然趋势。

2014年招商银行信用卡资产证券化作为中国首个成功案例无疑对我国具有重大的意义,但当时采用的静态资产池,没有涉及循环购买的动态资产池,后来宁波银行发行的2015永盈第一期首次以动态资产池的循环购买模式进行了资产证券化,为我国资产证券化开辟了广阔的发展前景。信用卡在国内已很普遍,如何将短期的规模庞大的信用卡应收款流动起来是亟待解决的任务,也是我们面临的巨大挑战。

招行和信2015年第二期汽车分期贷款资产支持证券在银行间债券市场成功发行,总发行金额52.74亿元,其中优先A档(含A1、A2、A3档)、优先B档和次级档证券的占比分别为86.84%、4.80%、8.36%,联合资信给予了优先A档证券AAA和优先B档证券AA的信用评级。该产品是招行在2015年6月注册的300亿元"和信"系列汽车分期贷款证券化额度下发行的第二单,与上期产品相比,本期最大的创新点在于采用持续购买交易结构,通过对持续购买入池资产标准的限定,该交易较好地保证了资产池信用状况的稳定,同时提高了资产池的超额利差水平。从发行结果来看,优先 A 档证券的加权平均利率为 3.89%,优先 B 档证券的利率为 4.1%,均处于正常水平,次级档证券获得 5% 的溢价发行。总的看来,本期交易得到投资者的较高认可,同时也兼顾招行的融资需求和收益留存目的。

招商银行是国内信用卡业务做得较为突出的银行,其信用卡业务覆盖到消费者生活衣食住行、娱乐、教育、医疗和时尚美容等各方各面,信用卡贷款的偿付类型也有多种选择,主要是循环信用和分期付款。从表 3.5 可以看出,除了汽车分期的偿付期限较长以外,其他的消费信贷的期限都较短,最常见的期限是 1 年以内。特别是循环信用,这种偿付方式并没有规定还款时间和金额,信用卡借款人可以在获准的额度内随借随还,无须多次审批,因此信用卡应收账款的现金流就非常不稳定,会因为持卡人的不同行为而产生大幅波动。由于循环信用有无须申请、每月只需交纳最低还款额的特点,所以大部分持卡人都会选择这种偿付方式。

表 3.5　招商银行消费信贷偿付类型

类　型		特　点	偿付期限
循环信用		无须申请,每月只需交纳最低还款额	自由选择还款金额和时间
分期付款	网上分期付款	通过网络使用信用卡完成分期付款分期	3、6、12 期购物
	商场分期付款	持卡人到特约的分期商户店面,通过指定 POS 机来完成分期支付	
	电话分期付款	持卡人在指定合作商户通过电话向商户提交信用卡相关信息,实现所购商品或者服务在线实时分期支付的服务	
账单分期		对未出账单和已出账单进行分期付款	2、3、6、10、12、18、24 期
现金分期		支取现金并分期偿还	3、6、10、12、18、24 期
汽车分期		通过分期付款购买汽车	12、18、24、36 期

资料来源:根据招商银行官方网站整理

本次方案选择期限较短的信用卡分期付款购物做基础资产,进行资产证券化,对入池资产从期限要求、评级要求、离散度、担保方式要求等当面考量入池资产,由于基础资产的期限较短,无法满足资产证券化的债券的期限要求,那就要对资产池进行设计。

3.4.1 现金流结构设计①

利用"循环购买"构建"动态资产池"时,证券的现金流结构不能像其他资产支持证券一样,在一开始就对投资者有规律地偿付本金和利息。在信用卡资产证券化中,现金流结构需要分成两部分——循环期和本金摊还期。在循环期中,发起人可以利用信用卡应收账款本金产生的现金流用于"循环购买"新的信用卡应收款,而不用于偿付证券的本金。信用卡应收款生成的收入将用于偿付证券的利息。当循环期结束后,证券进入本金摊还期。在这个阶段将不再通过"循环购买"新的应收账款,而是将应收账款产生的现金流用于偿还本金和利息。循环期结束后,证券本金的偿付有两种方式:一种是本金被多次偿还完毕(如 CCCIT 于 2014 年 11 月 25 日发行的 Class 2014 - A9 证券);另外一种是本金在证券到期日被一次性偿还完毕(如阿里 OI)。图 3-7 和图 3-8 显示了两种偿付方式现金流的结构。

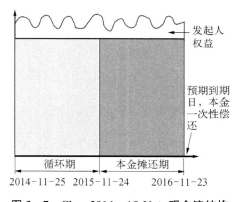

图 3-7 Class 2014 - A9 Note 现金流结构

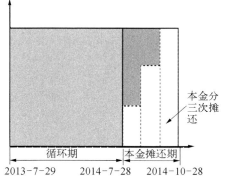

图 3-8 阿里 OI 现金流结构

---

① 邱幼花:《招商银行信用卡资产证券化案例研究》,华南理工大学 2015 年硕士学位论文。

招商银行在未来开展信用卡证券化业务时,产品的现金流结构可以分成循环期和本金摊还期两部分,以便利用循环期中应收账款产生的本金"循环购买"新的信用卡资产。而本金的偿还方式可以根据需求灵活选择一次性偿付完毕或者分次偿付完毕。

3.4.2　方案设计流程

1. 循环购买流程设计

对于如何进行"循环购买",本书设计了如下流程:在信托设立后的循环期中,贷款服务机构定期(操作频率是每月)向受托机构提交再投资拟受让的信用卡资产清单以及再投资金额的建议,经受托机构审核和确认后,贷款服务机构根据合同约定利用本金回款购买新的符合合格投资约定的信用卡应收账款,并按照合同规定履行贷款服务机构的职责,管理信用卡账户和对逾期的信用卡贷款进行催收等。如此循环往复,直到进入本金摊还期则停止购买新的信用卡应收账款。

2. 利用发起人权益维持"动态资产池"的稳定

在"动态资产池"下,由于信用卡账户中的应收账款余额是不断变化的,而信托发行的信用卡资产支持证券的面值是固定不变的,因此现金流会产生错配,这种错配需要一个浮动机制来平衡。而利用发起人权益就可以维持"动态资产池"的稳定。发起人权益指的是发起人已经转让到信托里,但是还没有出售的那部分额外资产的权益(如图3-7所示)。通过发起人权益的设计,保证了信托中有足够的信用卡应收款应对信用卡应收款不足引起的资产池萎缩的风险,以此保护投资者的权益。

3. 运用综合的信用增级方式

本案例中,招商银行首次信用卡证券化的信用增级方式单一,仅采用优先/次级结构和信用触发机制两种信用增级方式,并且没有外部信用增级。虽然优先/次级结构的信用增级方式可以有效地降低本案例中优先档证券的风险,提高信用卡证券的信用等级,但是在未来开展信用卡证券化业务时,由于交易结构更加复杂,招商银行需要灵活选择多种增信措施,加强对资产支持证券尤其是优先级证券的保护,实现产品风险的最小化,保护投资者的利益,使信用卡证券化产品能够成功发行。

结构化融资工具案例分析

表 3.6　信用增级方式

内部信用增级——由发起人或 交易结构内部提供	外部信用增级——由外部主体提供
优先/次级结构 信用触发机制 超额利差 利差账户	现金抵押账户 资产投资额度 资产票面折扣

国外信用证券化实践中采取了综合性的信用增级措施为证券化产品进行信用增级。除了招商银行首次证券化中采用的优先/次级证券结构和信用触发机制以外，目前主要还有超额利差、利差账户、现金抵押账户、资产投资额度、资产票面折扣等信用增级方式。

超额利差是指基础资产的收益在扣除支付的投资者利息、服务费、损失和相关费用之后的盈余融资收入。超额利差是防止信用卡资产支持证券出现损失和提前分期偿还期的首道防线。

利差账户是信托根据超额利差的水平，将一定比例的超额利差存入的信托账户，用以对证券提供信用支持。超额利差水平越低，利差账户中需要补充的资金越大。

表 3.7　标准普尔利差账户样本

超　额　利　差	利差账户资金补充比重 （按证券面额的比例）
＞4.51%	0%
4.01%—4.50%	1.50%
3.51%—4.00%	2.00%
3.01%—3.50%	3.00%
＜3.0%	4.00%

现金抵押账户是一个由发起人或第三方银行在信用卡证券系列发行时为信托提供贷款的独立信托账户。现金抵押账户里的资金会在超额利差降为负数时用来填补利息、本金和服务费等的付款不足。从现金流的分配上来讲，现金抵押账户利息的优先级处于最低端。当基础资产的表现良好时，现金抵押账户的本金会在相关证券的本金减少时得到相应的偿付。但是，当基础资产

的表现出现问题时,只有当所有相关证券的本金得到偿付后,现金抵押账户的提供者才可能得到偿付。

资产投资额度由第三方出资,向信托进行贷款,优先级别低于其他证券。这部分贷款资金将用来投资购买一部分基础资产的权益。这部分资产权益也可以以证券形式发行。资产投资额度将在超额利差降为负数时用来填补其他证券的利息和本金等的付款不足。资产投资额度的设计优势是在为信托证券提供信用支持的同时,也使自身的投资者范围更广。

资产票面折扣是在次贷危机时期提出来的信用增级方式。国外的信用卡公司利用资产票面折扣的增级方式来渡过次贷危机难关。在一般的信用卡资产证券化中,资产的转让都是按照应收款的面额来进行的,没有折扣或溢价。但是,在一些特定的情况或阶段,有些信用卡资产证券化发起人(一般也是卖方)会以打折的方式把信用卡应收款转让给信用卡信托,并把折扣部分的收入作为融资费用现金流以供证券分配和共享。而且,这种折扣一般都会被设计成与超额利差挂钩,超额利差越小,折扣就越大。这样,信用卡信托的超额利差就会因为额外的"融资费用"收入而得到提升。

可以看出,国外成熟的信用卡证券化产品采取多种多样的信用增级方式,有效地提高了产品的等级。以花旗银行为例,虽然花旗银行的主体信用评级为 AA,但是通过有效的信用增级,可以发行 AAA 等级的信用卡资产支持证券。因此,招商银行在未来的信用卡证券化产品中,应综合运用内部和外部信用增级方式。

第四章 租赁资产证券化

4.1 租赁资产证券化方案设计

4.1.1 租赁资产证券化的参与要素

1. 发起人(融资租赁公司)

租赁公司选择要证券化的租赁资产或债权"真实销售"给特殊机构 SPV,其职能就是选择要进行证券化的资产并进行捆绑组合,并将其销售。"真实销售"能使租赁资产从租赁公司的资产中被隔离出来,使其不被纳入公司的破产清算资产之列。"破产隔离"的实现会使投资者更注重担保资产池本身的质量,而忽略其发起人的信用或发起人其他资产的质量。

2. 发行人(SPV)

由计划管理者设立并管理专项计划,以此形成特殊目的实体 SPV,以租赁"资产池"的未来现金流为担保,并委托证券公司在资本市场上发行租赁资产支持证券。

3. 证券公司

SPV 委托证券公司对证券的发行进行有效促销,以确保证券发行成功。在公募发行方式下,证券公司作为包销人,从发行人那里买断证券,然后进行再销售并从中获得盈利。在私募发行方式下,证券公司作为 SPV 的销售代理人,为其成功发行证券提供服务,证券公司还在证券化结构设立阶段扮演融资顾问的角色。

4. 信用增级机构

在进行资产证券化过程中,除了基础租赁资产或债权作担保外,还需信用增级机构提供额外信用支持,以借此减少证券化发行的整体风险,提高证券化产品的资信等级,从而降低发行的成本。

5. 信用评级机构

信用评级机构对被证券化的租赁资产未来产生现金流量的能力进行评估,以此判断可能给投资者带来的违约风险。评级机构在完成初步评级后,还需要在证券的存续期内,对其进行跟踪监督,及时发现新的风险因素,并作出升级、保持或降级的决定,维护投资者的合法权益。由于评级机构对评级对象的针对性,可以忽略融资租赁企业本身资信的情况,只针对其剥离出来的优质租赁资产,从而可以为融资租赁企业进行证券化融资提供便利。

6. 服务商

服务商的职能是对租赁生产项目及其所产生的现金流量进行监理和保管,负责收取租赁资产到期的租金,并对过期欠租进行催收,确保资金及时、足额到位。服务商的另一个职责是定期向受托管理机构和投资者提供有关特定租赁资产组合的财务报告。

7. 受托管理机构

服务商按期从承租人处收取证券化租赁资产的租金存入 SPV 账户,由受托管理机构向投资者支付本金和利息,并将剩余收益支付给租赁公司,受托管理机构对服务商进行监督,确保财务报告真实披露给投资者。

4.1.2 租赁资产证券化的运作流程

我国租赁资产证券化的运作流程如图 4-1 所示:

其基本流程为:

第一,现金是租赁公司的核心,基于融通资金的目的,融资租赁公司意愿将自己拥有的长期租赁资产——对承租人应收租金的请求权提前变现,从而发起整个租赁资产证券化。它首先对所持租赁资产进行整合,挑选具有现金流稳定且可预期、租赁合约同质性高且标准化等特征的租赁资产入池。然后

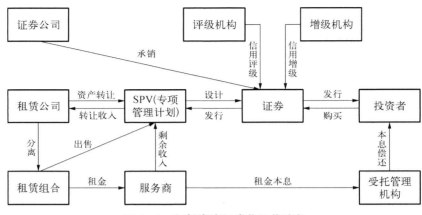

图4-1 租赁资产证券化运作流程

再将基础资产转让给计划管理人,计划管理人设立并管理专项计划,用以管理资金。

第二,专项计划(SPV)在受让租赁资产后,初步设计以该资产为支撑的证券,且对交易结构进行完善。它通常通过签订合同的方法将许多专业的工作委托给专门的中介机构去开展,将整个交易结构变得更加完善。如:委托发起人担任收租服务人去回收承租人的租金;委托资金保管机构管理回收的租金,以避免混同风险;委托证券登记托管机构向证券投资者支付本息;委托承销团负责证券的发行销售事宜;等等。所以,SPV在整个资产证券化业务中属于核心。

第三,完善交易结构后,计划管理人方可聘请信用评级机构对刚设计好的证券进行初评。初评结果往往不尽如人意,所评出的信用水平通常达不到投资者投资的级别,那么在这个时候就要对其进行信用增级。这时就要请来信用增级机构,并且为保证增级有效,信用增级宜采用优先/次级结构、现金储备账户等内部增级方法和信用证、非相关方担保等外部增级方法相结合的方式,并要保证,经过信用增级之后,证券的信用等级要达到投资者所能接受的投资水平。接下来信用投资公司就能按合同将增级后的证券交给承销商,由其销售。销售完毕后,信托投资公司将募集的资金作为租赁资产对价支付给融资租赁公司。至此,融资租赁公司的融资目的达到。

第四,证券发行完毕和租赁资产对价支付之后,接下来最主要的事宜是收回租赁资产产生的现金流,也就是租赁资产的租金等,用以偿付证券。首先,发起人也就是融资租赁公司作为收租服务人收取众多承租人的租金。但是租金的收取时间和证券的偿付时间往往存在差异，而为了避免这些租金在其中的空闲时间出现混同风险，再由资金保管机构专门保管服务人收取来的租金。最后，当证券到期偿付时，资金保管机构直接将证券本息划付至证券登托管机构，由它按规定向投资者分配收益。

第五，在对投资者进行按时、足额地偿付之后，也就是对证券进行偿付之后，再对众多中介机构服务费进行支付。之后，若资产池产生的现金流收入仍有剩余，则将其放入现金储备账户，以对证券的偿付提供保障。租赁资产证券化的交易过程到此结束。整个过程都处于证券持有人大会的监督之中。

在这个模式的运行中，实现了资产重组、真实出售、风险隔离、信用增级、投资者利益保护五大机制。资产池的挑选和组建将资产的收益和风险进行了重新分割，是资产重组机制的体现。而 SPV 的设立主要立足于能够使真实出售机制和风险隔离机制得以实现，至于信用增级方式的选择，其本身就是信用增级机制的一种运行，并且在其中也加入了对"真实出售"和"风险隔离"效果的考虑。至于投资者利益保护机制的实现，主要是通过两个途径：① 资产重组、真实出售、风险隔离、信用增级这四大机制的最终落脚点在于确保证券得以顺利偿付，因此这四大机制的实现实际上就是对投资者利益的一种保障。② 在交易结构完善中，设置收租服务人、资金保管机构、证券登托管机构三大专业机构对证券的偿付提供服务和保障，并设立证券持有人大会履行投资者的监督职能，这是基于投资者利益保护考虑的直接体现。

4.1.3 现金流分配

1. 现金回收

承租人按照所签合同的规定，于划款日把该月或季度的租赁费划入租赁公司的账户；而此时，托管银行在租赁公司划款日把相关的租赁费中不超过基础资产预期收益金额的收益从租赁公司收款账户划转到托管银行下的收益计划账户，由托管银行对资金进行保管。

2. 现金流分配

根据总资产买卖协议，承租人按照合同向租赁公司支付的相应租赁费用，以及由托管银行保管所产生的利息，都将作为该计划的资产，用于支付该收益计划下的相关费用和向投资者支付预期支付额。

3. 现金流分配顺序

专项计划获得的收益按以下顺序进行分配：

第一，用于支付 SPV 的计划管理费，含该专项计划存续期间的相关费用及相关税费（如有）。

第二，用于向投资者支付预期支付额。

4. 账户管理

托管银行根据托管协议中的约定，对专项计划的资金账户进行托管。专项计划管理人（SPV）通过向托管银行发送相应指令，由托管银行负责专项计划资金托管账户中的资金的划入和划出。

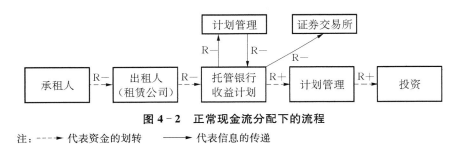

图 4-2 正常现金流分配下的流程

注：----▶ 代表资金的划转　——▶ 代表信息的传递

表 4.1 正常现金流分配下的现金流分配

日　期		事　项
R-8	承租人划款日	承租人 17:00 前将资金划入托管银行下的收款账户 计划管理人向中证登提交权益分派申请材料
R-7	租赁公司划款日	资金到账后，租赁公司于 12:00 前通过托管银行将资金从租赁公司收款账户划转到专项计划账户；托管银行于当日向计划管理人发出收款确认函
R-3	公告日	计划管理人在证券交易所和计划管理人的网站上公告收益分配报告
R-2	分配指令发出日	计划管理人根据收款确认函确认资金足额到账后，向托管银行发出分配指令
R	权益登记日	于该日在中证登登记在册的投资者可获得预期支付额的相应款项

续表

日　期		事　项
R+1	分配日	托管银行按照分配指令将预期支付额的相应款项于16:00前从专项计划资金托管账户划拨至中证登指定的账户 计划管理人支取计划管理费
R+2	收益计划到期日	专项计划到期
R+3	兑付日	中证登将预期支付额的相应款项划拨至证券公司结算背负金账户 证券公司根据中证登结算数据中的投资者预期支付额的相应款项明细数据将相应款项划拨至投资者资金账户
R+10	计划终止日	专项计划终止

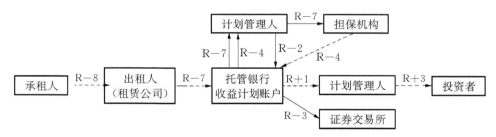

图 4-3　启动担保支持下的现金流分配流程

注：-----▶ 代表资金的划转　　———▶ 代表信息的传递

表 4.2　启动担保支持下的现金流分配

日　期		事　项
R-8	承租人划款日	承租人17:00前将资金划入托管银行下的收款账户 计划管理人向中证登提交权益分派申请材料
R-7	租赁公司划款日、启动担保日	资金到账后，租赁公司于12:00前通过托管银行将资金从租赁公司收款账户划转到专项计划账户；托管银行于当日向计划管理人发出收款确认函 计划管理人根据托管银行的收款确认函，如发行资金未足额到账户，于当日向担保机构发出担保指令

续表

日期		事项
R-4	担保机构划款日	担保机构于 16:00 前将资金担保款项直接划入专项计划账户;托管银行收款后于当日向计划管理人发出担保款项收款确认函
R-3	公告日	计划管理人在证券交易所和计划管理人的网站上公告收益分配报告
R-2	分配指令发出日	计划管理人根据收款确认函确认资金足额到账后,向托管银行发出分配指令
R	权益登记日	于该日在中证登登记在册的投资者可获得预期支付额的相应款项
R+1	分配日	托管银行按照分配指令将预期支付额的相应款项于 16:00 前从专项计划资金托管账户划拨至中证登指定的账户 计划管理人支取计划管理费
R+2	收益计划到期日	专项计划到期
R+3	兑付日	中证登将预期支付额的相应款项划拨至证券公司结算背负金账户 证券公司根据中证登结算数据中的投资者预期支付额的相应款项明细数据将相应款项划拨至投资者资金账户
R+10	计划终止日	专项计划终止

资料来源:隋平、李广新:《资产证券化融资实务操作指引》,法律出版社 2014 年版

4.2 专项计划的其他详细安排

4.2.1 资产买卖协议摘要

1. 资产池的组建

(1)确定证券化资产并组建资产池的通用原则

① 证券化的资产能产生预期稳定的现金流:我们选择的租赁资产必然是能在未来产生可预测的、稳定的现金流;否则,我们在资产证券化过程中按时支付计划管理者的各种费用以及投资者的预期收益将会受到影响。

② 现金流量记录:由于我们在资产证券化刚开始选择整合租赁资产的时

候都会选择已经开始租赁的资产,这样我们就能观察其之前的历史现金流量,并且要确保其有稳定的历史现金流量,这样可以根据统计性规定预测其未来的现金流和风险,也有利于后面的信用评级和定价。

③ 持续时间:要求企业租赁持有并使用该资产一段时间,以确保资产的质量和相关的信用记录,便于评级机构记录相关信息并进行评级。

④ 同质性:指所选择的租赁资产都拥有高标准、高质量的合同条款契约,这样易于把握未来产生的预期现金流。

⑤ 分散化:指所选择的租赁资产可以选择不同行业的设备,或是不同地区的设备,通过对基础资产的分散化安排,降低风险,保证未来现金流的稳定。

⑥ 相当的规模:资产证券化是一项前期比较耗费资金的项目,为了减轻初期的证券化较高的成本,那就要求基础资产要达到一定的规模。

⑦ 期限相似:在资产证券化期间,是要把一系列的租赁资产整合在一起,利用其所产生的租赁费用以及利息获得收益,所以要求所有的资产到期日基本相似,实现合理的收益分配。

总体而言,现金流稳定、同质性高以及资信良好,并且易于统计的资产一般适合开展资产证券化。

(2)基础资产选择标准

① 租赁资产所对应的租赁合同必须适用于中国法律,并且合法有效;

② 所有的租赁资产均已起租;

③ 租赁资产属于租赁公司合法拥有的资产,并且基础资产并没有设定抵押权、质权或其他担保物权;

④ 租赁物件或基础资产不涉及诉讼、仲裁、执行或破产程序;

⑤ 租赁公司已经履行并遵守了基础资产所对应的任一份租赁合同;

⑥ 基础资产可以进行合法有效的转让,且无须取得承租人或其他主体的同意;

⑦ 基础资产不涉及国防、军工或其他国家机密;

⑧ 承租人系依据中国法律在中国境内设立且合法存续的企业法人、事业单位法人或其他组织,且当前均未发生对其财务状况或营运成果有重大不利影响的事件或情况,包括但不限于如下情形:资产转让、申请停业整顿、申请解散、申请破产、停产、歇业、注销登记、被吊销营业执照、涉及重大诉讼或仲

裁、生产经营出现严重困难、财务状况恶化等；

⑨ 除以保证金冲抵租赁合同项下应付租金外，承租人在租赁合同项下不享有任何主张扣减或减免应付款项的权利；

⑩ 基础资产为租赁公司正常、关注、次级、可疑、损失5级分类体系中的正常类；

⑪ 基础资产所对应的任一份租赁合同项下的到期租金均已按时(含7天宽限期)足额支付，无违约情况。

总之，融资租赁公司对入池的租赁资产既要进行现金流上的严格把关，还要将其风险和成本控制在最小的程度和范围内。

2. 基础资产的买卖

专项计划管理人设立SPV之后按照资产买卖协议的规定，代表资产证券化计划的认购人向租赁公司购买基础资产，也就是租赁公司将其租赁给承租人的资产所能带来的向承租人的租金请求权和相关的附属担保权益出售给计划管理人。根据资产购买协议，计划管理人(SPV)为认购人承担基础资产可能带来的所有风险，并且也享有基础资产产生的所有权益，并且给租赁公司支付相应的价款。

3. 基础资产的交割方式

SPV根据资产买卖协议项下的规定向租赁公司支付购买价款的同时，要与租赁公司签订交叉收据。交叉收据的签订完成则视为双方就基础资产的买卖交割完成，随后交叉收据由双方的法定代表人签字或盖章后即生效，对双方都具有法律约束力。

4. 违约责任

租赁公司或SPV机构其中有任何一方违反资产买卖协议的规定，则视为该方违约，则要相应赔偿对方因其违约所受的损失。

(1) 租赁公司的违约责任

租赁公司应赔偿SPV因以下事项而遭受的直接损失：

① 转让不符合资产买卖协议所规定的基础资产保证的资产且不按照资产买卖协议的规定对相关资产进行回购；

② 租赁公司(或其任何授权管理人员)在资产买卖协议或其他专项计划文件中所作出的任何陈述和保证，以及租赁公司根据资产买卖协议或其他专项计划文件提供的任何信息或报告在作出时是错误的或虚假的；

③ 租赁公司没有履行或没有全部履行资产买卖协议约定的任何承诺或义务；

④ 因租赁公司违反其在任何融资租赁合同项下的任何义务或怠于行使其在任何容易融资合同项下的任何权利，导致资产买卖协议项下的基础资产遭受损失；

⑤ 租赁公司丧失其拥有的经营融资租赁合同项下的相关业务的资格。收到计划管理人根据前款发出的要求赔偿或补偿的书面通知后15个工作日内，租赁公司应向计划管理人支付相应的损害赔偿额。

（2）计划管理人的违约责任

除前述违约赔偿一般原则以外，计划管理人应赔偿租赁公司因以下事项而遭受的直接损失：

① 计划管理人没有按照资产买卖协议的规定支付基础资产购买价款。

② 计划管理人（或其任何授权管理人员）在资产买卖协议或其他专项计划文件提供的任何信息或报告在作出时是错误的或虚假的。

③ 计划管理人没有履行或没有全部履行资产买卖协议约定的任何承诺或义务。收到根据前款发出的要求赔偿或补偿的书面通知后15个工作日内，专项计划管理人应向租赁公司支付相应的损害赔偿额[①]。

5. 协议生效和终止

资产买卖协议自双方法定代表人签字并加盖公章后，自专项计划设立日起生效，于专项计划终止日终止。在资产买卖协议终止时，其下违约条款、争议解决条款仍然有效。

4.2.2 服务协议摘要

1. 基础资产的管理和服务

（1）计划服务机构的管理服务内容

在专项计划存续期间，计划服务机构将提供包括但不限于以下服务内容：维护承租人的关系、回收租金并且对资金进行管理（同时包括对租赁公司保证金的抵扣管理）、租赁项目的全程跟踪评估、对于租金回收情况的监测和报告、专项计划期间所包含的租赁合同变更管理、基础资产的风险管理、基础资产合

---

① 隋平、李广新：《资产证券化融资实务操作指引》，法律出版社2014年版。

同期满时的法律处理以及各种资料的管理等。

(2) 回收款划转

专项计划服务机构有义务在租赁公司收到租赁合同项下的租金后的 3 个工作日内,将租金进行区分并且划转至专项计划资金账户下,并且给租赁公司出具划款凭证,托管银行在收到划转过来的资金后应向计划管理人也就是 SPV 出具收款确认凭证。

2. 报告和声明

在资产证券化计划存续期间,计划服务机构不仅会有报告日,并且其还应向 SPV 和评级机构递交一份由其主要负责人签署的履约声明。通常在每个季度结束的时候,要求计划服务机构递交季度服务机构报告,同时在每个会计年度结束后 4 个月内,计划服务机构还应该向 SPV 和评级机构递交其自身的年度报告(包括全年期资产负债表、利润损益表和现金流量表),并附录报表文件。在专项计划存续期间,计划管理人有权挑选独立的外部审计师事务所对计划服务机构以及按照服务协议的约定向专项计划履行其管理服务义务进行年度审核。

3. 保管

(1) 基础资产管理情况记录

计划服务机构除了上述服务项目外,其比较重要的一个服务项目就是负责对基础资产日常的管理情况进行记录,并保存这些记录信息。除此之外还应对其制定服务机构报告所需的其他信息进行保存以及保管,包括但不限于以下各项:

① 资产证券化计划设立前以及设立后,租赁公司所持有的所有支持所选定的租赁资产完成基础资产的实现而以实物形式存在的文件、表单、凭证和其他任何有意义的协议;

② 承租人租金偿付情况记录;

③ 还应该保管承租人的逾期记录,并且记录承租人逾期的原因;

④ 如果在承租人根据租赁合同提前退租的情况下,服务机构还应明确相应租金的回收情况,并记录保管。

(2) 保管人义务

作为保管人,专项计划服务机构同意并确认其将履行以下各项义务:

① 必须采取谨慎的态度对上述提到的记录进行保管;

② 保管人除了为 SPV 回收租金的目的外,不得以任何方式或任何手段试

图根据服务协议所持有的记录谋取任何利益或权益；

③ 保管人应该定期对所保管的资料和记录进行检查和核实，以保证信息的准确性；

④ 保管人在无法继续保管基础资产和专项计划的相关记录时，应该采取相应的措施以减少损失。

4. 违约责任

（1）违约事件

以下任何事项均构成计划服务机构违约事件：

① 在租赁公司划款日，如果计划服务机构不能及时付款，无论是因为技术故障、计算机故障或者承租人没有及时付款，计划服务机构都应将延迟理由马上通知 SPV；

② 计划服务机构在服务协议或者其他的专项文件，或者在专项存续期间所记录保管的文件、机构服务报告是虚假或错误的；

③ 计划服务机构没有履行或没有全部履行服务协议约定的任何承诺或义务；

④ 计划服务机构的代表人的任何行为对 SPV 以及专项计划造成了损失；

⑤ 计划服务机构没有按时递交季度服务报告或年度服务报告；

⑥ 在资产证券化计划设立后 30 日内，没有及时对租赁合同原件以及其他系列文件进行标识和保管。

（2）替代计划服务机构的委任

在计划服务机构无法完成所委托的服务项目时，此时可以由 SPV 接任其工作，或由 SPV 委托其他机构来替代服务机构，其可以委任符合如下条件的主体担任替代服务机构：

① 净资产额不低于 5 亿元人民币；

② 拥有与从事本协议项下相关融资租赁业务的资格；

③ 经有控制权的收益凭证持有人大会同意。

4.2.3 托管协议摘要

1. SPV 的权利和义务

（1）权利

SPV 有权根据专项计划下的委托协议，将认购资金用于购买基础资产，并且由其对基础资产所产生的收益进行管理和分配;并且有权委托托管银行对收益进行管理和分配,并且有权监督托管银行的委托行为;因托管银行的错误所导致专项计划有任何损失时,SPV 有权根据托管协议的约定向银行索赔;同时 SPV 也有权解任托管银行或接受其辞任。

(2) 义务

SPV 应该按照托管协议委托托管银行办理专项计划账户并办理其他登记手续,;并且向托管银行提供所有预期租金的收取清单;向托管银行发出各种资金划拨的指令;接受托管银行对资金划拨的监督;在托管银行的协助下完成各项清算事宜。

2. 托管银行的权利和义务

(1) 权利

托管银行根据托管协议,有权保管专项计划下的所有现金资产以及其他收益,并收取托管费。托管银行在发现 SPV 所发出的指令不合理不合法的情况下,有权拒绝执行,并要求其改正。

(2) 义务

托管银行在对专项计划资金进行管理及划拨和分配的期间,应该恪尽职守,严格按照托管协议的约定,妥善保管专项计划的资产,确保资产的独立和安全。执行 SPV 的资金划拨指令,负责办理专项计划名下的资金往来。并且与计划服务机构类似,在美国托管报告日,托管银行需要向 SPV 提供托管报告,其应该包括相应租金回收计算计划账户后,托管银行应向计划管理人发出收款确认凭证。如果托管银行发行 SPV 的任何资金划拨指令不符合法律或行规,有义务要求其改正,如果 SPV 拒不执行,那么托管银行就要把 SPV 的这种行为向中国证监会报告。托管银行还应该妥善保管专项计划的各种协议、账册文件、资料以及收款凭证等,保存期不少于 15 年。如果托管银行由于自身的过失导致专项计划蒙受损失,应该承担相应的赔偿责任。专项计划存续期内,如果发生① 托管银行辞任,或② 托管银行的法定名称、住所发生变更的,托管银行应在知道该临时事项发生之日起 5 个工作日内以邮寄和传真的方式通知计划管理人。

3. 业务监督

(1) 托管银行对计划管理人的监督

专项计划存续期间,托管银行根据托管协议的规定监督并记录 SPV 关于资金的划拨。对于SPV的任何违反托管协议的资金划拨指令,托管银行都应该拒绝并要求其改正,并且以书面形式通知SPV,并要求限期纠正,而SPV应该及时给托管银行回发书面回执。如果SPV在限期内没有纠正,那么托管银行应该报告中国证监会。

(2) SPV对托管银行的监督

SPV应定期对托管银行所保管的专项计划资金进行核查,以保证资金的安全,如果SPV发现托管银行擅自挪用专项计划资金,并且因托管银行的过程导致专项计划资产灭失、减损或处于危险状态的,SPV应立即以书面的方式要求托管银行予以纠正和采取必要的补救措施。计划管理人有义务要求托管银行赔偿专项计划因此所遭受的损失。

4. 违约责任

(1) 一般原则

任何一方违反托管协议的约定,视为该方违约,违约方应向对方赔偿因其违约行为而遭受的直接损失。

(2) 计划管理人的违约责任

除前述违约赔偿一般原则以外,SPV应赔偿托管银行因以下事项而遭受的直接损失:

① 由于SPV单方的原因使得托管银行丧失了拥有专项计划相关管理服务的业务资格;

② SPV没有按照托管协议按时支付给托管银行托管费用,自应付款次日起自实付款日,SPV应按日向托管银行支付没有付金额的万分之五作为违约金;

③ SPV在托管协议中作出的任何陈述和保证以及其根据本协议提供的任何信息或报告是错误或虚假的;

④ SPV没有按约定履行法律、法规规定的职责,所导致专项计划资产受到损失。

(3) 托管银行的违约责任

① 由于托管银行的过失使得其丧失了托管服务的相关业务资格而导致专项计划的资金划拨延迟;

② 托管银行在托管协议中作出的任何陈述和保证以及托管银行根据托管协议提供的任何信息或报告在作出时是错误的或虚假的;

③ 托管银行没有履行法律法规所规定的职责,或没有履行托管协议中约定的职责,导致专项计划的资产受到损失。

4.3 租赁资产证券化中存在的会计和法律问题——以"远东首期租赁收益专项资管计划"为例

4.3.1 远东首期租赁收益专项资管计划简介

远东首期租赁资产支持收益专项资产管理计划于 2006 年 5 月获准发行成立。该资产证券化项目是我国第一单以租金请求权为资产支持的资产证券化产品,它也是我国第一个外部增级措施采用非银行担保的资产证券化产品。

1. 交易结构

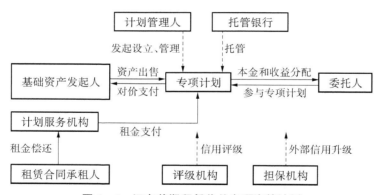

图 4-4 远东首期租赁收益专项资管计划

2. 参与要素

(1) 基础资产发起人、计划服务机构

远东租赁是"远东收益"专项计划基础资产的发起人和计划服务机构。远东租赁是基础资产发起人,其确定并出售基础资产。

(2) 计划管理人

东方证券是"远东收益"专项计划的管理人。

(3) 财务顾问

申银万国证券股份有限公司是"远东收益"专项计划的财务顾问,负责完成专项计划的交易结构和产品设计;协调各机构,进行项目的总体安排。

(4) 评级机构

中诚信是收益凭证的评级机构。其对专项计划的优先级收益凭证进行信用评级,并提供评级报告。

(5) 担保机构

中国中化集团公司是"远东收益"专项计划的担保机构。

(6) 托管银行

交通银行是"远东收益"专项计划的托管银行。其受计划管理人委托,保管"远东收益"专项计划资产并负责计划项下资金拨付。

(7) 法律顾问

律师事务所是专项计划的法律顾问。其负责对"远东收益"计划进行法律可行性研究、对基础资产进行尽职调查、起草各类法律文件、出具法律意见书,并对专项计划涉及的各种交易提供法律咨询和建议等支持。

3. 资产池评价

"远东收益"专项计划的资产池资产为远东租赁的 31 份租赁合同所应收取的租金,总规模为 520 756 242.46 元人民币。基础资产的质量在重大方面不低于卖方在其一般融资租赁业务过程中的平均水平,基础资产中最后一笔租赁款于 2008 年 12 月 21 日到期。

4.3.2 会计处理

1. 远东租赁的会计处理

(1) 融资时的会计处理

根据基础资产类型不同,债权类资产和收益权类资产在融资时的会计处理是不同的。收益权类资产因未来形成的收益不确定,不符合资产定义,不在资产负债表上反映,因此会计处理需按"担保融资"处理,具体的会计处理和债权类资产未转移的处理方式相同。而"远东收益"专项计划的基础资产属于收益类,那么远东租赁的会计处理如下:

① 发行资产支持证券。

借:银行存款
 贷:金融负债

② 购买次级收益凭证。

借：持有至到期投资－次级受益凭证
  贷：银行存款

③ 支付相关发行费用。

借：金融负债
  贷：银行存款

（2）存续期的会计处理

专项计划存续期间，远东租赁如需承担收取基础资产现金收入，并负有将收入划转至专项计划专用账户义务的，则应在专项计划存续期内按代收代付进行会计处理，设置"其他应付款－代收基础资产现金收入"科目进行核算。

（3）发生损失时的会计处理

专项计划存续期内，如果基础资产现金收入发生了损失，根据优先/次级结构原则，该部分损失应首先由原始权益人所持的次级受益凭证承担，因此，应确认次级受益凭证的减值损失，并计提减值准备。

（4）存续期结束时的会计处理

专项计划存续期结束时，远东租赁应结转所持有的次级受益凭证，将收回的专项计划专用账户剩余金额和次级受益凭证账面价值的差额确认为投资收益。

如果证券化业务属于部分转移、按继续涉入进行处理的情形，在专项计划结束时还应对冲账面上的继续涉入资产和继续涉入负债；如果证券化业务属于未转移、按担保融资进行处理的情形，在专项计划结束时还应结转融资时因借入款项确认的金融负债。

2. SPV 的会计处理

计划管理人是专项管理计划的设立人和管理者，由证券公司担任，负责设立专项计划并管理专项计划购买的基础资产，向投资者分配收益和本金，并按约定披露有关基础资产必要信息的各类定期或临时报告。计划管理人或专项计划涉及的会计处理相对简单，具体会计处理如下：

（1）募集资金募足，专项计划成立时

借：银行存款
  贷：募集资金本金

（2）将募集到的资金本金支付给远东租赁，即用募集资金购买基础资产时

借：专项投资
  贷：银行存款

（3）收到远东租赁或担保人分期支付的现金时

借：银行存款
  贷：应付款项—远东租赁

（4）收到银行存款利息时

借：银行存款
  贷：应付款项—利息

（5）支付相关费用时

借：项目费用—具体费用项目
  贷：银行存款

（6）期末，结转当年收回的本金

借：募集资金本金
  贷：专项投资

（7）期末，结转收到的项目资金、银行存款利息及发生的费用

借：应付款项—项目公司
   应付款项—利息
  贷：应付款项—结转
    项目费用—具体费用项目

（8）期末，支付优先持有人的本金及利息时

借：应付款项—结转
  贷：银行存款

（9）专项计划结束时，将剩余资金支付给次级持有人时

借：募集资金本金
  贷：专项投资

借：应付款项—结转
  贷：银行存款[1]

---

[1] 丁辰晖：《企业资产证券化交易结构和会计处理问题探析》，上海交通大学 2013 年硕士学位论文。

3. 存在的会计问题

（1）会计确认：破产隔离不完善，影响对风险和报酬转移的认定

在进行资产证券化的过程中，最关键的就是将基础资产从租赁公司的资产中"剥离"出来，由 SPV 代表认购人从租赁公司购买基础资产，并且把和基础资产有关的风险和报酬全部转给 SPV，从而达到风险隔离。然而，先观我国相关的法律法规，还并不健全，导致 SPV 在购买基础资产的时候交易结构上存在着缺陷，无法实现真正的"破产隔离"和"真实出售"，那么这样就影响到了在对会计上处理时对风险和报酬的评判。

（2）会计处理：缺少有针对性的会计处理规范，造成不同企业间较大的会计处理差异

由于资产证券化在我国的发展还处于新兴发展，更不用说租赁资产证券化。所以我国对租赁资产证券化的会计处理方式还是缺乏实务训练，存在着很多的问题。虽然我国在 2007 年发文表示，公司应该根据《信贷资产证券化试点管理办法》和《企业会计准则第 23 号——金融资产转移》，披露金融资产证券化业务的主要交易安排及其会计处理，对于非金融资产的资产证券化业务参照上述规定执行。但是由于《办法》和《准则》对我国进行资产证券化的针对性并不强，只能起到参考作用，这就造成了各界对于资产证券化会计处理的不同理解，存在比较大的差异。

（3）会计计量：缺乏对风险和报酬转移程度的量化描述，直接影响到了会计处理方式的选择

虽然国家发布的《准则》中提到，金融资产转移按金融资产所有权上风险和报酬转移的程度可分为整体转移、部分转移和未转移三类情况。但却只是定性的描述整体转移和部分转移，而没有定量的描述转移多少所有权算部分转移或整体转移，从这方面来讲，直接影响到了会计处理方式的选择。所以必须量化风险和报酬的转移程度以选择恰当的会计处理方式，这对《准则》未来的发展提出了新的要求。

4.3.3 法律问题

1. 法律结构分析

（1）融资租赁合同关系

融资租赁合同关系中，租赁公司根据承租人的要求购买承租人想租赁的

设备,并且与承租人签订租赁合同,定期收取租金。在此过程中,设备的使用权归承租人所有,而设备的所有权归融资租赁公司享有。

(2) 租赁债权转让关系

在租赁债权转让关系中,涉及租赁资产证券化的业务,不单单是租赁业务,租赁公司将其享有的对租赁资产定期收取租金的租赁债权出售给特殊目的公司(SPV),同时也将所有的风险也转给了 SPV,实现租赁债权与发起人的分离。此中,发起人出售债权获得相应的转让对价,实现融资的功能,同时剥离自身与租赁债权的风险。

(3) 证券化发行与承销关系

在证券化的过程中,SPV 将其购买到的租赁债券抵押给专门的机构,由专门的机构发行证券。然后再由承销机构在二级市场将证券卖出,最终从投资者手中获得现金。后期承租人支付的租金则用来支付投资者的预期回报。

2. 存在的风险及相应措施

(1) 承租人或其担保人违约风险

"远东收益"专项计划偿付本金和收益的现金流来自租赁资产未来产生的租金以及相关条款。如果承租人和其担保人没有或没有按时履行义务,即缴纳租金,将导致基础资产损失。

相应措施:

第一,SPV 在一开始选择基础资产的时候,就应该严格审查承租人缴纳租金的历史数据,以降低承租人违约风险。

第二,SPV 和计划服务机构可以根据租赁合同依法追究承租人的违约责任,要求承租人按照租赁合同项下的补救措施进行补救,降低基础资产的损失。

第三,计划服务机构同时也是次级收益凭证持有人,为保证自己的收益将尽力降低坏账损失。

第四,"远东收益"专项计划安排了全额担保的防范机制,担保机构将全额补救优先级证券持有人的本金和收益,保证优先级证券持有人的本金和收益到期可以足额偿付。

(2) 逾期还款风险

由于"远东收益"专项计划每季度分配一次,因此,租金短时间逾期一般不会影响当期收益凭证收益和本金的分配。那么如果出现了跨季度的逾期,虽然不会影响投资者的收益,但是会导致专项计划的本金和收益分配预期情况出现偏差。

相应的防范措施:

第一,为应对少量善意逾期的情况,将每个租金回收计算日定在本季度最后一笔租金到期日后的数日,这样如果出现短期延误,也不会影响当期分配。

第二,针对租金回收计算期内租金全部逾期的极端情况,这种情况下会安排贮备基金制度,以应付极端情况,并且要求基金账户中的资金至少要足够支付一期的收益。

第三,资产包由31份租赁合同组成,行业和地区分布较广,可以分散风险。

(3) 提前退租风险

承租人提前退租将增加当期的基础资产现金流,使得优先级投资者本金的分配速度加快,当然也使得其所持有的受益凭证提前到期,和投资者所预期的情况不一致,那么投资者不愿意进行再投资。

相应防范措施:

在签订租赁合同的时候,对于大部分的融资租赁合同,承租人必须得到出租人同意才能提前退租。SPV要尽可能地控制承租人提前退租,降低提前退租对现金流的影响。此外,还可以在绝大部分租赁合同中约定承租人即使提前退租,也要付清出租人应收未收的全部租金,提高承租人的成本。

(4) 租赁利率调整风险

在签订租赁合同的时候,确定租赁的租金是由租赁成本和利率确定,而利率则是以中国人民银行同期贷款利率为重要参考依据。租赁成本基本在签订租赁合同的时候就可以确定,但是利率确实不能确定的,如果利率在租赁期内发生了变化,则租金就要相应调整,这势必影响到专项计划对于收益和资金分配的预期。当中国人民银行同期贷款利率上升时,每一期基础资产产生的现金流将增加,致使优先级受益凭证还本速度加快。

相应的防范措施:

"远东计划"是在有外部担保并且在做信用增级的时候设置了次级受益凭证,那么这种情况下,租金的少量调整并不会直接影响到优先级受益凭证的收益率。

(5) 租赁公司破产风险

在进行租赁资产证券化的期间,远东租赁只是将租赁资产的所享有的债权转给了 SPV,所以远东租赁依然持有租赁资产的所有权。那么当远东租赁金融破产程序的时候,租赁物件是否会被列入破产财产还存在司法的不确定。一旦被列入破产资产,则有可能影响基础资产的回收。

防范措施:"远东收益"专项计划引进了第三方全额担保的外部信用增级措施,担保机构对"远东收益"专项计划的全额担保能够克服远东租赁的破产风险,保证优先级受益凭证的持有人不受损失。

(6) SPV、计划服务机构、托管银行、监管银行、托管银行尽责履约风险

"远东收益"专项计划的正常运行依赖于计划管理人、计划服务机构、托管银行的尽责服务。如果上述机构没有尽责履行义务,那么必然会给优先级受益凭证持有人造成损失。

相应的防范措施:

第一,计划服务机构同时也是次级受益凭证持有人,为保证自己的收益将尽力履行自己的职责。

第二,SPV 和托管银行对远东收款账户进行监督。监督其租金的到账情况,以及要在租金到账后约定的时间内将租金划转至专项账户。而托管银行定期要编制预期租金到账清单,一旦发现租金没有到账则马上通知 SPV。由 SPV 对远东租赁的账目进行核查。如远东租赁有挪用、截留资金等行为,其将承担违约责任,并赔偿相应损失。

第三,相关机构相互制约、监督,SPV 对计划服务机构进行监督,并有权解任计划服务机构,托管银行对计划管理人进行监督,确保计划资金的安全。

第四,担保机构对"远东受益"专项计划进行全额担保,保证优先级受益凭证持有人的本金和收益。

4.4 杠杆租赁资产证券化简介——对天津自贸区进行杠杆租赁资产证券化的可行性

4.4.1 杠杆租赁资产证券化简介

1. 杠杆租赁资产证券化交易结构

杠杆租赁是美国首先发展起来的一种高级租赁形式,随后在澳大利亚、新

结构化融资工具案例分析

西兰、日本等国家得到很大发展。在这种形式下,出租人没必要出所有设备款,只需投资购置租赁物所需款项的 20%—40%,就可以拥有设备的所有权,享受如同对设备百分之百投资的同等税收待遇。而剩余的 60%—80% 的设备款则由银行、保险公司和证券公司等金融机构提供不可追索的借款,但必须要求出租人以设备第一抵押权、租赁合同和收取租金的受让权作为担保。购置成本的借贷部分称之为杠杆,通过这一财务杠杆的作用,充分利用政府提供的税收好处,使交易各方,特别是使出租方、承租人和贷款方获得一般租赁所不能获得的更多的经济利益。杠杆租赁有效降低了投资者的投资成本和融资成本,是现代国际大型器械使用中经常出现的一种租赁方式。然而,杠杆租赁交易也在运行中暴露出一些问题:租赁机构在购买大型器械时产生资金瓶颈的问题;项目公司对新机器的使用可能并不能带来预想的效益,造成租金难以支付;租赁机构银行贷款无法偿还;等等。由此,杠杆租赁资产证券化这一有效的规避风险方式成为必要。

杠杆租赁资产证券化的业务流程:

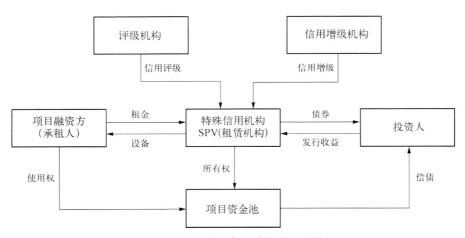

图 4-5 杠杆租赁证券化交易结构

第一,以项目资产为基础,确定资产证券化目标,选择一系列杠杆租赁资产,以其预期产生的未来现金流组成资产池。这要求项目资产应该是稳定、可靠、低风险和具有一定预测性的。

第二,组建特设信托机构 SPV(Special Purpose Vehicle)。项目公司(承租方)与 SPV 签订租赁协议,SPV 只需投资租赁设备购置款项 20%—40% 的金额,即可在法律上拥有该设备的完整所有权,享有如同对设备100%投资的同等税收待遇,而剩余的60%—80%的设备款则由银行、保险公司和证券公司等金融机构提供不可追索的借款。

第三,信用评级和增级。通过信用评级可以大幅度地提高交易的信用透明度,有利于增强投资者的信心,吸引投资者投资。信用评级越高,证券的发行成本越低。

第四,SPV委托专门的机构发行证券。SPV应根据租赁机构的要求和证券化资产的特点,以追求成本最小化为原则,选择最适宜的方式进行融资。

第五,偿债。SPV委托托管银行管理收取的租金,并在证券收益日将资金划转给相应的投资者,依靠证券化资产的未来现金流偿还所发行证券的本息。

在本结构中省略了计划服务机构、托管银行等,只是呈现最核心的结构。

2. 参与要素

(1) 项目资产承租人

承租人通过签订租赁合同的方式从SPV手中获得项目资产的使用权,而在杠杆租赁资产证券化中,可以是一系列不同的项目资产,整合在一起,支付租赁费作为使用项目资产的报酬。由于在结构中充分考虑了特殊目的实体的税务好处,所以与直接拥有项目资产的融资模式比较,项目投资者可以获得较低的融资成本。

(2) 特殊信用机构SPV

在杠杆租赁资产证券化中的SPV不同于传统的资产证券化中的SPV,此处,SPV不仅仅要管理基础资产发行证券,而且还担当了租赁机构,运用杠杆租赁的结构获得项目设备的所有权,再把设备租赁给承租人,收取的租金用来偿还购买设备的60%—80%的设备贷款以及所发行的证券的收益。

(3) 债务参加者(其数目多少由项目融资的规模决定)

债务参加者一般为普通的银行和金融机构。债务参加者以对股本参加者无追索权的形式为被融资项目提供绝大部分的资金(一般为60%—80%)。由债务参加者和股本参加者所提供的资金应构成被出租项目的全部或大部分建设费用或者购买价格。通常,债务参加者的债务被全部偿还之前在杠杆租赁结构中享有优先取得租赁费的权利。

(4) 证券公司

SPV 委托证券公司对证券的发行并对证券进行有效促销,以确保证券发行成功。在公募发行方式下,证券公司作为包销人,从发行人那里买断证券,然后进入二级市场对证券进行销售。在发行私募证券时,证券公司作为 SPV 的销售代理人,为其成功发行证券提供服务,证券公司还在证券化结构设立阶段扮演融资顾问的角色。

(5) 信用增级机构

在进行资产证券化过程中,除了基础租赁资产或租赁项目资产的债权作担保外,还需信用增级机构提供额外信用支持,以借此减少证券化发行的整体风险,提高证券化产品的资信等级,从而降低发行的成本。

(6) 信用评级机构

信用评级机构通过对被证券化的租赁资产未来产生现金流量的能力进行评估,以此判断可能给投资者带来的违约风险。当然对基础资产进行初次的评级后,评级机构还会持续地对其进行跟踪监督,及时发现新的可能影响其评级的结构的因素。评级机构只针对其剥离出来的优质租赁资产,从而为融资租赁企业进行证券化融资提供了便利。

(7) 服务商

服务商也可以称为计划服务机构,其职能是对租赁生产项目及其所产生的现金流量进行监理和保管,负责收取租赁资产到期的租金,并对过期欠租进行催收,确保资金及时、足额到位。其次,服务商另一个职责是定期向受托管理机构和投资者提供有关特定租赁资产组合的财务报告。

(8) 受托管理机构

这也是我们通常所说的托管银行,服务商按期从承租人处收取证券化租赁资产的租金存入 SPV 账户,由受托管理机构向投资者支付本金和利息,并将剩余收益支付给租赁公司,受托管理机构对服务商进行监督,确保财务报告真实披露给投资者。

4.4.2 对天津自贸区进行杠杆租赁资产证券化的可行性

天津的融资租赁产业得到快速发展,截止到 2013 年末,天津注册的各类融资租赁公司的总部数量为 206 家,占全国五分之一多;注册资金累计 840

亿,占全国 27.5%;租赁合同余额 5 750 亿元,占全国 27.4%,同比增长 55%,高于全国平均水平 35.5%的 19.9 个百分点。在天津注册的金融租赁公司总部企业有 5 家,数量居全国之首,占金融租赁企业总数的 21.7%;注册资本 241 亿元,占全国 31.3%;合同余额 2 550 亿元,占全国的 29.7%,对天津成为我国融资租赁业聚集地发挥了重要作用。

目前天津港的融资租赁业务中飞机和船舶租赁占绝大部分。飞机和船舶的比较昂贵,不仅占用租赁公司的资金,而且给租赁公司带来比较大的风险,那么就有必要引入杠杆租赁资产证券化,盘活设备款。以下是关于方案的设计:

(1) SPV 的选择

在我国 SPV 的角色主要是证券公司和信托公司来承担,2015 年基金子公司也将承担起 SPV 的角色。在本方案中选择信托资产证券化的方式,并且由 SPV 来担当租赁机构,出具 20%—40%的设备款。在这里也可以由多个租赁公司共同设立,把多个租赁公司的租赁物的未来现金流组合成基础资产。

(2) 资产池的选择

由于杠杆租赁的租赁物价值比较高,所以在选择资产池的时候我们要选择合同期长(10 年以上)的,虽然租赁物价值较高,但我们还是可以选择多种租赁物,以其未来现金流共同组成资产池。对于基础资产的基本要求和租赁资产证券化的基础资产要求类似。

(3) 信用评级和增级

SPV 可聘请信用评级机构对刚设计好的证券进行初评,但是初评结果往往不理想,评出的信用水平通常不能达到投资级别,所以还必须进行信用增级。为保证增级有效,信用增级宜采用优先/次级结构、现金储备账户等内部增级方法和信用证、非相关方担保等外部增级方法相结合的方式。一般来说,经过信用增级的证券信用等级能够达到投资者可接受的水平。所以信用投资公司就可按照已经签署的合同将增级后的证券交给承销商,由其销售给投资者。销售完毕后,信托投资公司将募集的资金作为租赁资产对价支付给融资租赁公司。至此,融资租赁公司的融资目的达到。

(4) 回收现金流

证券发行完毕和租赁资产对价支付之后,最主要的事宜是收回租赁资产产生的现金流,用以偿付证券。首先,发起人融资租赁公司作为收租服务人收取众多承租人的租金,但是这些租金的收取往往和最后证券的偿付在时间上不完全一致,所以出于规避资金混同风险的考虑,再由资金保管机构专门保管服务人收取来的租金。最后,当证券到期偿付时,资金保管机构将证券本息划付至证券登托管机构,由它按规定向投资者分配收益。

(5) 收益分配

在对投资者进行按时、足额偿付,以及偿还债务参加者的债务后,再对众多中介机构服务费进行支付。之后,若资产池产生的现金流收入仍有剩余,则将剩余放入现金储备账户,以对证券的偿付提供保障。租赁资产证券化的交易过程到此结束。整个过程都处于证券持有人大会的监督之中。

第五章 抵押债务债券

5.1 抵押债券的介绍

5.1.1 抵押债务债券的定义及产生

1. 定义

抵押债务债券（CDO）是资产支持证券中异军突起的一种产品，一种新兴的投资组合，在1988年被首次推出。抵押债务债券（CDO）是一种固定收益证券，它将一个或多个类别相似且分散化的基础资产作为抵押支持，通过特殊目的载体（SPV）将其重新包装成各种等级的证券进行风险分散，再发行给投资者，其本质是通过结构化融资技术对资产的信用风险进行重新安排，使之最终成为标准化且具有流动性的债券产品。对银行而言，发行该类产品的动机包括转移和分散风险，增加融资渠道且降低资本金约束，提高信贷资产的流动性。对投资者而言，可以根据自身资金的特性和偏好选择不同风险和收益的金融产品。

2. 产生

1980年以来，为满足人们大量的购房资金需求，将抵押贷款组成资产池，发行包含多个不同投资期限的有担保的房贷债务凭证（MBS）。根据需要逐渐扩大资产池的基础资产的范围，信用卡贷款、汽车贷款、学生贷款、企业应收账款、不动产都可用来充当质押资产,发行不同优先顺序的债务凭证。以银行贷款为主要质押资产发行的债务凭证称为CLO,以债务型工具为质押资产发行的债务凭证称为CBO。根据资产池的不同,CDO可以分为以公司债券为标的的CDO,以新兴市场债券为标的的CDO,以及以结构化金融产品为标的的CDO。后者的抵押品包括住房抵押贷款支持证券(RMBS)、商用不动产抵押贷款支持证券(CMBS)、资产支持证券(ABS)和房地产投资信托公司债务(REIT)。

过去的几年中,全球CDO的年度发行量平均为1 370亿美元。由于CDO的利率通常定期存款或是一般国债,因此在当今微利时代,CDO在国际市场上的吸引力逐渐上升,成为近年来证券化产品中的新主流。随后发展起来的合成型CDO,是在原来的结构中加入了信贷衍生工具,因此也称为结构信贷产品。

5.1.2 抵押债务债券的发行

CDO的发行以不同信用级别来区分各系列证券,一般分为高级、中级和低级系列;另外还有一个不公开发行的系列,多为发行者自行买回,相当于用此部分的信用支撑其他系列的信用,被称为权益系列,当有损失发生时,由权益系列首先吸收,然后依次由低级、中级和高级系列承担,CDO对信用加强就是借助这种证券结构设计达成的。证券的信用评级越高,信用风险

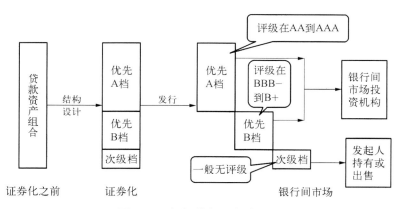

图 5-1 抵押债务债券的发行

越低,所以根据风险收益匹配的原则,其收益率最低。CDO 这一信用分割的特点使其能迎合不同风险收益偏好类型投资者的需求,因此在融资方面具备很高的效率,而且高信用等级的投资者可以获得很高程度的信用保障。

5.1.3 抵押债务债券的主要类型

按照资产池内不同类型资产所占的比重不同,CDO 可分为抵押债务凭证(CBO)和担保贷款凭证(CLO),前者的资产池债券占有较高比例,后者主要以银行贷款债券为主。

根据发行动机及资产池的来源不同,CDO 可区分为资产负债表型 CDO 和套利型 CDO。资产负债表型 CDO 多来自本身具有可证券化的资产持有者,是为了将债权资产从资产负债表上转移出去。而套利型 CDO 发起人的动机包括两点:一是获得用于管理 CDO 标的资产池的费用;二是套取利差,也就是 CDO 标的资产的收益与借钱购买这些标的资产所费成本(即支付给 CDO 投资者的利息)之间的差额。

不论是资产负债型 CDO 还是套利型 CDO,均可分为现金流型 CDO 和市值型 CDO,而套利型 CDO 则还存在一种合成式 CDO。并且两者债务偿还的信用保障机制不同。在现金流型 CDO 中,违约罚金、到期本金偿还以及标的资产的违约回收率规定为 CDO 的投资者提供了信用保障。市场价值型 CDO 通过其出售资产赚取充足收益以偿还债务的能力为 CDO 投资者提供信用保障。自从 20 世纪 90 年代会计准则发生改变之后,市值型 CDO 就不再使用了。因此,这一章我们重点介绍现金流型 CDO。

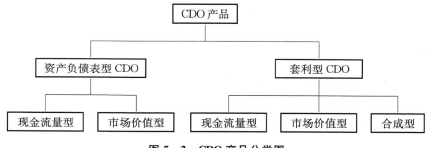

图 5-2 CDO 产品分类图

5.2 现金流型 CDO 的交易结构安排

5.2.1 现金流型 CDO 的交易结构

现金流量型 CDO 是最常见的 CDO 交易结构。在一个传统 CDO 中,发行人(即拥有贷款或其他信用资产的银行)将基础资产组合真实出售给特殊目的载体(SPV),SPV 据此发行信贷资产支持证券,并把证券出售给投资者,发行的证券的本息偿付来源于基础资产组合所产生的现金流量,债务的偿还也与这些现金流直接相关。现金流量的信用风险取决于流通在外的本金总额,即债权资产池的票面价格以及实际所收到的利息收入。在现金流型 CDO 交易中常用互换交易来规避汇率风险与利率风险,此外,由于需要真实出售基础资产组合,因此其法律、会计等手续较为复杂。在 CDO 交易中,通常由发起人购回股权档(一般为 2%),巴塞尔协议对该部分证券的资本要求规定为 100%,由于基础资产组合是真实出售,因此监管资本比例可以由 8%降低 2%。

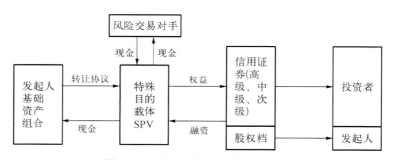

图 5-3 现金流型 CDO 的交易结构

在证券化过程中,首先,入池资产的构成是实现证券化的前提和基础。其基本要求如下:包含的各笔债权全部是发起机构作为贷款人发放的贷款债权;入池资产对应的全部借款合同均合法有效;每笔债权均为未到期债权;每笔债权的合同到期日不迟于资产支持证券的到期日;每笔债权均没有关于债权转让的限制性规定;与入池资产对应的全部担保(如有)均合法有效存续;借款人,担保人(如有)均合法有效存续;相合约不允许债务人行使抵销权;等等。

其次,CDO 的资产池需要达到较高的分散化指标(这能使该 CDO 有较多的高等级分支,较少的低等级分支)。该 CDO 的入池资产组合必须包含绝大多数行业组,一个 CDO 通常包含至少 25 个行业,为了将上述行业门类包含在内,绝大多数 CDO 都要求每个行业组的份额不能超过 8%。但对于集中度最高的一两个行业,最高不能超过 10%—12%[①]。

5.2.2 信用保护机制

为了保护 CDO 持有人免于遭受基础资产池恶化带来的损失,CDO 的交易结构提供信用保护机制:第一种机制是本金顺次偿付机制;第二种机制是风险测试机制,是支付机制的关键,其作用是保护高层级证券免受资产池现金流恶化带来的风险,具体方式包括超额抵押率和利率覆盖率。

1. 本金顺次偿付机制

本金顺次偿付机制通过规定各层债券受偿本金的不同顺序来区隔信用风险。CDO 各层债券的本金偿付过程中,高级层债券(案例中的 A 层)优先获得偿付,其次分配给中间层(B 层和 C 层),最后的余额归权益层。

2. 风险测试机制

风险测试机制又称为抵押覆盖率检验(Collateral coverage test),即根据风险测试的结果来决定现金流的分配。当资产违约导致 CDO 面值大幅下降,无法通过风险测试时,资产管理者将从次级系列债券的现金流量转移给优先系列债券。风险测试一般分为超额抵押测试(Overcollateralization test,OC Test)和利息覆盖测试(Interest coverage test,IC Test)两种。

超额抵押测试又称为面值测试(Par value Test),该比例用于计算所有抵押资产组合的本金与本层及本层以上债券本金的比率。计算公式为:

A 层的 OC=抵押资产本金或面值/A 层本金或面值

B 层的 OC=抵押资产本金或面值/(A 层本金或面值+B 层本金或面值)

……

该比率越高,对本层持有人的保护就越大。对于每层债券,均会约定一个

---

① 宋辰刚:《信贷资产证券化产品风险控制与市场发展研究》,四川大学 2008 年博士学位论文。

最小超额抵押测试比率（又称为超额抵押临界比率，Overcollateralization trigger）。某一层 CDO 债券实际计算的 OC 高于或等于超额抵押临界比率，则通过测试。超额抵押测试的目的是检验标的资产的清算价值对本层债券的本金的保障程度。例如，对于 2.6 亿元面值的 A 层债券，若该层 OC 临界比率为 113%，那么，CDO 资产组合的总面值就必须在 2.938 亿元以上。同理，面值为 0.27 亿元 B 级债券 OC 临界比率为 110%。那么，CDO 资产面值就必须在 3.157 亿元以上，才能通过超额抵押测试。否则，该层就无法获得超额抵押测试，现金流将被转而用于偿还高级层债券的本金偿付。

利息测试（Interest coverage test，IC Test），是指所有抵押资产的预计应付利息与预计付给该层及所有该层以上层债券利息和的比率（即利息覆盖比率）。显然，利息覆盖比率越高，抵押资产对债券的保护就越强。某一层 CDO 证券计算得到的利息覆盖比率用来与该层的最低利息覆盖比率（又称为利息覆盖临界比率，Interest coverage trigger）相比较。某一层 CDO 债券实际计算得到的 IC 高于或等于事先设定的最低值，则通过测试。利息覆盖测试的目的是检验标的资产的利息收入是否足以支付各层债券的利息收入。

在大多数 CDO 中还设置了一些加速偿还触发器，加速偿还触发器是用于保护 CDO 结构中有评级部分证券的。在利息覆盖率或本金的超额担保程度下降到特定水平时，加速偿还触发器将用来把支付较低评级档和股权档的现金流转向较高评级档。

3. 信用保护机制原理

通过上述两种安排，高级层债券受到了权益层和中间层的双重保障，中间层则由权益层提供保护。若基础资产池发生违约形成的信用损失，先由权益层来吸收，若损失规模很大，耗尽了权益层，则由中间层来承担剩余的损失。只有直至权益层和中间层都耗尽之后，高级层才会遭受损失。因此，权益层承担的信用风险最高，中间层次之，高级层的信用风险相对最低。与此相应，权益层的收益水平也是最高的，享有整个 CDO 的剩余索取权；中间层次之，高级层收益最低。

5.2.3 质量测试

质量测试（Quality test）是 CDO 交易结构中重要的安全网措施之一，是评级机构对资产管理经理实施的监督。在对CDO的各层债券评级之后,评级机构会长期关注资产经理对基础资产所做的不利于评级的变动。质量测试就是用来防止资产经理的不当交易而引起基础资产组合质量恶化。质量测试主要涉及期限限制(Maturity restrictions)、资产风散化程度(Degree of diversification)和基础资产池中资产的信用等级等。

5.2.4 现金流型CDO的利息现金流分配

在现金流型CDO交易中,来自抵押资产本金和利息的现金流根据募集说明书中的规定进行分配(Waterfall)。

1. 利息现金流分配

现金流型CDO的利息一般按照如下的顺序来支付:CDO基础资产获得的利息收入扣除支付基本费用(包括税收、手续费、管理费和利率互换所需的费用)后按照先后顺序向各层债券支付的利息。首先优先档债券支付利息;然后进行优先档风险测试,通过后向中间档债券和次级档债券支付利息;最后进行中间档和次级档风险测试,通过次级档测试后剩余的利息收入归股权档。具体偿付流程如图5-4所示。

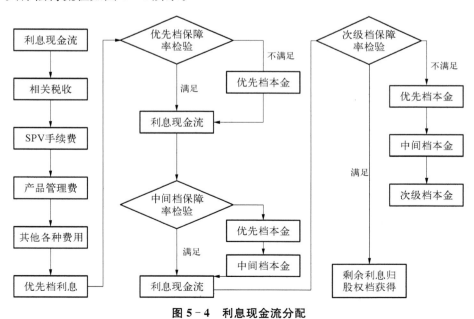

图5-4 利息现金流分配

2. 本金现金流的分配

CDO 各层债券的本金支付程序相对而言较为直观。一般而言 CDO 的再投资期(reinvestment period)为 3—6 年,在此期间内的本金收入将进行再投资而不必用于偿还。过了再投资期后,只有因基础资产池中的资产被提早求偿(Tender)、赎回(Call)或出售等特定情形下产生的非预期的本金收入(Unscheduled principle)才能再投资到其他新的资产上,否则本金的收入将完全按照优先级顺序进行偿付,最后留存下来的本金全部支付给股权档的投资者。具体偿付流程如图 5-5 所示。

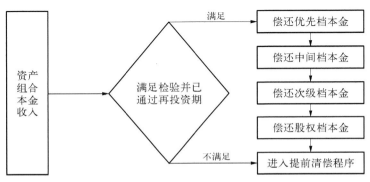

图 5-5 本金现金流的分配

5.2.5 CDO 各层债券的收益

1. 权益层的报酬

CDO 的高级层和中间层的收益一般根据息票决定,波动性不高。但权益层的收益率的波动较大,与下述几项因素有密切的关系：

一是 CDO 资产收益的剩余索取权；

二是违约时点；

三是抵押资产的实际违约率；

四是抵押资产的流动性溢价；

五是利率递减期权。

(1) CDO 资产收益的剩余索取权

权益层类似于公司资本机构中的股权,高级层和中间层则属于债务融资,如果 CDO 资产产生的现金流超过了高级层和中间层的要求,权益层获得剩余部分;同时,权益层承担 CDO 资产延迟支付和信用损失的风险。

(2) 违约时点

CDO 权益层的回报与抵押资产池的违约时点高度相关,违约发生得越晚,则对权益层回报的不利影响越小。因为,此时权益层持有人已经在违约发生之前获得了越多超额融资利差。

(3) 抵押资产实际违约率

由于 CDO 的抵押资产大部分为高收益的债券或贷款,其违约的可能性直接影响了权益层的回报率。根据 Peters and Altman 研究,当违约率为 3% 时,CDO 权益层的内部报酬率(IRR)为 14.8%,当违约率超过 3% 时,IRR 开始大幅下降,至 6% 时,股本系列之报酬甚至会成为负数。

(4) 抵押资产的流动性溢价

由于 CDO 的抵押资产大部分为高收益的债券或贷款,这部分债券或贷款的流动性很差,其较高的收益率中包含一定的流动性溢价。CDO 采取的是"买入并持有"(buy-and-hold)的策略,这部分流动性溢价转化为 CDO 总体收益的一部分。同时由于 CDO 的债务层流动性好于基础资产,故 CDO 向债务层持有人支付的流动性溢价要少于基础资产获得的流动性溢价,其中的流动性利差归权益层享有。

(5) 利率递减期权

资产管理经理常常利用利率套期保值等交易手段来管理资产池的资产组合。如果采取购买利率上限的交易测率,LIBOR 上升,则 CDO 获得期抵押资产固定利率票息和 LIBOR 之间的差额;LIBOR 下降,CDO 的质押资产的固定利率票息高于 LIBOR,权益层将取得其中的超额部分。因此,权益层持有 LIBOR 利率递减的期权。

2. 它债券层的报酬率

对 CDO 其他系列债券(高级层及中间层)的报酬率而言,它们通常比相同债信、相同到期日的公司债、ABS 证券及其他固定收益工具收益要高,以此来吸引买家。例如,2001 年第一季的数据显示,7—10 年,评等为 AAA 的信用卡 ABS 其收益率约高于 LIBOR 17—30 基本点,同时期,拥有相同到期日及评等的 CDO 高级层债券的收益率则高于 LIBOR 43—55 基本点。

CDO 的另一收益来源为低风险。CDO 高级层中间层的安全性要高于企业债,其违约率显著低于单一主体的企业债。因为CDO的基础资产池中的资产高度分散且异质性高,即便池内单一债权违约,信用损失通常也能被权益层吸收,并不直接影响债务层的回报率。此外,CDO的基础债权资产是可以动态管理的,一旦发觉某债权之信用质量有下降的风险,投资经理人即可处分,置换进新的债权资产,使CDO的资产组合的整体债信质量高过原先的资产组合。

5.3 国内现金流型CDO的实践

国内的CDO已经起步,2005年底中国建设银行和国家开发银行作为试点单位,分别进行住房抵押贷款证券化和信贷资产证券化的试点。首批两家试点银行的国家开发银行和中国建设银行已发行3只信贷资产证券化产品,总规模超过130亿元。其中,国开行在2005年和2006年末发行的两期证券化产品,规模为42亿元和70亿元。从2005年12月到2008年3月,已经在银行间债券市场公开发行和交易的资产支持证券包括开元一、二期等产品,这些产品大部分都属于CDO。国家开发银行发行了两期CLO,分别是2006年开元一期和2005年开元一期,它们都属于静态现金流型CDO产品,其基础资产都是非同质的大额贷款,通过特殊目的信托实现真实出售。

2005年第一期开元信贷资产支持证券是我国首笔信贷资产证券化产品,下面详细介绍[①]。

5.3.1 2005年第一期开元信贷资产支持证券交易结构安排

开发银行将其所有并可以转让的人民币417 727万元(截至发行基准日的账面余额)的信贷资产组合作为信托财产,交付给中诚信托并设立本信托,中诚信托以此信托财产为支持在全国银行间债券市场发行三档(优先A档、优先B档和次级档)信贷资产支持证券,中诚信托同时委托开发银行担任贷款服务机构。

---

① 宋辰刚:《信贷资产证券化产品风险控制与市场发展研究》,四川大学2008年博士学位论文。

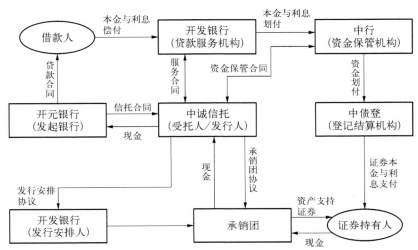

图 5-6　2005 年第一期开元信贷资产支持证券交易结构示意图
资料来源：2005 年第一期开元信贷资产支持证券发行说明书

本交易根据《信贷资产证券化试点管理办法》《金融机构信贷资产证券化试点监督管理办法》《信贷资产证券化会计处理规定》及其他适用法律法规开展。各档证券的发行主体为特殊目的信托，实现了与发起机构等各方的有限追索和破产隔离。资产支持证券持有人不具备向开发银行的追索权，其在本期证券下的追索权权限于信托财产。本项目交易结构如图 5-6 所示。

5.3.2　2005 年第一期开元信贷资产支持证券的产品特征

1. 基础资产池入池资产基本情况

资产池资产选择原则。从总体上分析，入池贷款具有较高的同质性，均为针对基础设施项目所发放的中长期贷款，其中，既有信用贷款也有保证贷款，担保类贷款共计 20 笔，本金额占资产池总金额的 28.26%；信用贷款共计 31 笔，本金额占资产池总金额的 71.74%。总共 51 笔贷款中，单笔贷款余额在人民币 243 万元（含）至 6 亿元（含）之间。贷款利率遵照中国人民银行最新中长期贷款利率执行，绝大部分贷款的利率为 5.18%—6.12% 之间。按照发起人国家开发银行的五级分类结果，资产池中正常贷款共计 46 笔，其合计金额占资产池总金额 84.36%；关注类贷款共计 5 笔，其合计金额占资产池总金额 15.64%。总体概况如表 5.1 所示。

结构化融资工具案例分析

表 5.1 资产池概况

贷款笔数	51 个
借款人户数	29 户
本金总额	417 727 万元
单个借款人平均本金额	14 404.38 万元
加权平均利率	5.411%
加权平均已偿还期限	约 59 个月
加权平均剩余期限	约 15 个月

资料来源：2005 年第一期开元信贷资产支持证券信用评级报告

入池资产借款人行业分布。按照发起人的行业分类，入池资产主要涵盖了市政公共设施管理、交通运输、能源、电信、化工、机械制造等多个行业领域的贷款。

入池资产借款人的信用等级。经中诚信国际信用评级委员会审议并确定，入池贷款对应借款人的等级判断结果如表 5.2 所示。

表 5.2 入池资产借款人的信用等级

等级判断	借款人户数	贷款金额占比
AAA	5 户	27.60%
AAA−	6 户	14.43%
AA+	1 户	2.43%
AA	2 户	17.71%
AA−	3 户	2.61%
A+	4 户	12.82%
A	7 户	14.73%
BBB	1 户	7.67%

资料来源：2005 年第一期开元信贷资产支持证券信用评级报告

综合入池资产基本情况，中诚信国际测算资产池在当前经济景况的预期损失（即所要求信用提升度水平）为 0.104%。可以看出，为了确保我国首笔非个人信贷资产支持证券的成功发行，开发银行提供的入池贷款的资产质量较高，债务人绝大部分是财务实力较强的国有特大型、大型企业或其控股子公司,普遍拥有良好信用记录。良好的入池资产为该 CDO 产品的发行成功提供了基础。

2. 已发行的 2005 年第一期开元信贷资产支持证券产品的基本情况

表 5.3 我国首笔信贷资产证券化产品——CDO 基本内容

序号	项目	基本内容					
1	发起机构	国家开发银行					
2	本期证券名称	2005 年第一期开元信贷资产支持证券					
3	发行机构	中诚信托投资有限责任公司					
4	分档情况	分为三档,分别为优先 A 档、优先 B 档和次级档证券					
5	发行方式	优先 A 档和优先 B 档证券在银行间债券市场以公开招标方式发行,次级档证券采用私募方式发行					
6	评级机构和各档次证券信用等级	中诚信公司评级,优先 A 档为 AAA 级;优先 B 档为 A 级;次级档未予评级					
7	证券面值	人民币 100 元					
8	发行总额	41.772 7 亿元,其中:优先 A 档:29.24 亿元,优先 B 档:10.03 亿元,次级档:2.502 7 亿元					
9	各档次票面利率	优先 A 档:固定利率,票面利率根据招标结果确定为 2.29% 优先 B 档:浮动利率,票面利率根据招标结果确定为 2.70% 次级档证券:无票面利率					
10	证券到期日	2007 年 6 月 30 日					
11	各档次证券预期到期日	优先 A 档:2006 年 12 月 31 日 优先 B 档:2007 年 6 月 30 日 次级档证券:2007 年 6 月 30 日					
12	加权平均期限	优先 A 档:0.67 年;优先 B 档:1.15 年					
13	发行手续费	0.05%					
14	债券招标情况	优先 A 档			优先 B 档		
	承销商类型	中标级	占比	中标家数	中标额	占比	中标家数
14.1	商业银行	20.07	68.64%	10 家	5.01 亿元	49.97%	6 家

结构化融资工具案例分析

续表

序号	承销商类型	中标级	占比	中标家数	中标额	占标	中标家数
14.2	证券公司	6.93	23.70%	10家	1.51亿元	15.06%	2家
14.3	全国社保基金	0.30	1.03%	1家	1.01亿元	10.03%	1家
14.4	顺德市农联社	1.00	3.42%	1家	2.50亿元	24.94%	1家
14.5	国家邮政局	0.94	3.21%	1家			
14.6	合计	29.24	100%	23家	10.03亿元	100%	10家

资料来源：根据中国债券网内容整理

如表5.3所示，从发行情况看，我国首笔CDO产品主要体现了以下几方面的特点：

第一，采用证券分档以达到内部信用增级的目的，所发行的资产支持证券分为优先级和次级两类，次级档证券本金和收益的支付都在优先级证券的本息支付之后，从而保护了优先级证券的本息偿付。但次级档所占的比例较高，占总发行证券规模的6%，如果发起人持有，将无法达到移出资产负债表的目的，所以必须以私募方式出售。

第二，资产支持证券期限较短，可能鉴于投资者对这种创新金融产品信用风险的接受程度，优先A档的加权平均回收期仅为0.67年，即使期限最长的次级证券平均回收期也超过3年。

第三，基础资产的质量较好，但分散度不佳，贷款涉及的行业数不超过10个，另外，涉及的贷款比数和借款人数量也太少，这可能也是即使入池资产的资产质量较好，也无法将次级档的厚度压缩至5%以内的主要原因。

3. 2005年第一期开元信贷资产支持证券产品风险控制技术

通过现金流支付结构和偿还顺序的安排实现内部信用增级：整个资产支持证券分为优先A档资产支持证券、优先B档资产支持证券和次级档资产支持证券。在现金流支付结构和偿还顺序上，各档证券的利息和本金依下列顺序偿还：优先A档利息，优先B档利息；优先A档本金，优先B档本金；最后为次级档证券的利息和本金。

正常情况下优 A、B 档和次级档支持证券的利息和本金偿付顺序如下：

信贷资产利息回收资金及再投资收益等划入收益账资金的分配顺序为：

① 支付应由信托财产承担的税收及规费（如有），相关中介机构费用，超额诉讼费和诉讼备付金，限额内贷款服务机构和受托人报酬；

② 支付优先 A 档资产支持证券的当期和累计应付利息；

③ 支付优先 B 档资产支持证券的当期和累计应付利息；

④ 提取或补足各类准备金；

⑤ 回补本金账转入的资金；

⑥ 支付超过限额的贷款服务机构和受托人代垫费用和报酬；

⑦ 剩余资金（如有）划入本金账。

信贷资产本金回收资金等划入本金账资金的分配顺序为：

① 补足上述①—④的差额（如有）；

② 支付优先 A 档资产支持证券的本金直至为零；

③ 支付优先 B 档资产支持证券的本金直至为零；

④ 支付未付各类费用、支出或报酬等；

⑤ 剩余资金支付给次级档证券持有人。

如果按照约定的条款出现加速清偿事由（或证券化违约事由发生后经资产支持证券受益人大会决定按照加速清偿顺序分配），依照发行说明书的内容，分配顺序为：

① 支付应由信托财产承担的税收及规费（如有），相关中介机构费用，超额诉讼费和诉讼备付金，限额内贷款服务机构和受托人报酬；

② 支付优先 A 档资产支持证券的当期和累计应付利息；

③ 支付优先 A 档资产支持证券的本金直至为零；

④ 支付优先 B 档资产支持证券的当期和累计应付利息；

⑤ 支付优先 B 档资产支持证券的本金直至为零；

⑥ 支付未付各类费用、支出或报酬等；

⑦ 剩余资金支付给次级档证券持有人。

同时，在发生提前偿付情况时，若入池贷款在当期信托利益核算日 10 天之前某一日当期累计本金提前偿还超过 2 亿元，则以该日为核算日，将该日前的当期提前偿付本金按正常情况下本金分配顺序向支持证券持有人进行分配。

通过这种现金流支付顺序的安排（证券的利息支付和本金偿付方式采用优先级/次级的支付机制），就结构化设计出了资产支持证券所持有的信用提升机制，达到了内部信用增级的目的，即优先 A 档证券的利息支付和本金偿付优先于优先 B 档证券，优先 B 档证券的利息支付和本金偿付优先于次级档，次级档证券承担劣后支付的风险。也就是说，优先 A 档证券可获得由优先 B 档和次级档证券承担 30% 预期损失而提供的信用支持，优先 B 档获得次级档证券承担 6% 预期损失而提供的信用支持，在出现信用风险入池资产出现违约时，优先 A 档证券的本息始终是最先得到保障的，实现产品自身所具有的内部风险控制机制。

同时，该证券化产品也要运用外部信用评级机制，按照已设定的内部风险控制技术对交易结构设计风险和信用风险等主要风险进行判断，量化揭示出信用风险的大小，为投资者了解产品的风险状况提供可信的专业评估意见，这也有利于提高信贷资产证券化产品市场的流动性和投资价值的发现。

对入池资产的现金流进行分账管理，并设立"流动性准备金"：为发行该资产支持证券而设立信托后，受托人将设立信托账，用来记录信托财产，也就是入池资产所产生的本息和再投资安排所产生的其他现金流的收支情况。该账户下一般包括四个子账户，以用来管理不同的现金流。具体账户安排和现金流向如图 5-7 所示。

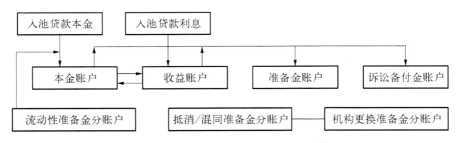

图 5-7 资产支持证券设立信托现金流分配管理流向图

根据发行说明书中对现金流账户管理的约定，对各账户内资金进行分账管理，并在已设定好的条件触发时，资金在各账户之间流转，以确保能够按照前述的现金流支付结构对各档次证券进行偿付。

通过以上分析,各账户的设立和资金在账户间的流转,实际上是按照已约定触发条件进行的。设置的这些触发条件都是考虑了在现实情况下可能发生的各种情况,在没有发生前,现金流的流转顺序对投资者来说比较容易掌握,对自己购买的各档资产支持证券的偿付情况和风险收益大小也能够预算。但是,一旦发生特定触发条件,整个现金流的流转顺序将发生很大的变化,且处于非常规的动态变化之中,如果投资者不能够很好地了解这种现金流分账流转的约定,在资产支持证券持续期非常有可能不知道自己所购买的产品到底处于何种状态。因此,CDO 这种产品内部复杂的结构程序,既能够保护投资者的利益,实现风险控制要求,相反,也可能由于设计过于复杂而在产品市场发展初期不能够被广大投资者所接受。

5.3.3 2006 开元一期的交易结构概况

国家开发银行按照国内现行有关法规、规章,将其合法所有并可转让的人民币 572 988 万元(截至 2006 年 4 月 17 日的预期账面余额)的信贷资产(或称"入池资产"或"入池贷款")作为信托财产,交付给中诚信托并设立"国家开发银行 2006 年第 1 期信贷资产证券化信托"(简称"本信托"),中诚信托以此信托财产为支持在全国银行间债券市场发行优先 A 档、优先 B 档资产支持证券和次级档资产支持证券,投资者通过购买并持有资产支持证券(简称"证券")取得本信托相应的信托受益权。

在该交易中,国开行接受受托机构的委托,作为贷款服务机构负责入池贷款的回收、管理,同时作为发行安排人在全国银行间债券市场组织销售本信托项下资产支持证券;中国银行作为资金保管机构提供资金保管服务;中央国债登记结算公司作为证券登记托管机构负责各类资产支持证券的登记、托管、交易过户、收益支付。

2007 年浦发、工行先后申请发行 CDO 产品并获得批准,成为证券化第二轮试点中的领头羊,他们分别开发出浦发 2007 和工元一期产品,这为进一步推动我国 CDO 市场的发展增添了宝贵的经验,为今后资本市场发行更多 CDO 产品打下了很好的基础。目前有 4 家金融机构证券化试点特批,还有一批银行和非银行金融机构提出了开展证券化的要求。另外,我国在 CDO 上做出了许多新的尝试。如首单公益小额贷款项目、首单应收账款项目——五矿发展、首单集合小贷项目、首单公积金项目——汇富武汉住房公积金贷款1号等。

5.4 Jubilee 现金流型 CLO 案例[①]

5.4.1 背景介绍

2001年12月,Jubilee CLO IB.V.(以下简称 Jubilee 或称发行人)发行现金流量的 CDO 证券。Jubilee 为一家注册于荷兰的公司,在发行中扮演破产隔离的特殊目的公司的角色,其营业活动仅限于群资产的取得,各项避险协定的签订等,整个群资产管理由 Barclays CapitalAsset Management Limited(简称 BCAM)担任。保管银行由 Chase Manhattan Bank 负责。

BCAM 是 Barclays 银行 100%拥有的子公司,Barclays 银行是英国最大的金融集团之一。BCAM 建立于 1996 年,目前管理资产规模约 11.5 亿欧元,其管理团队除了本身的专业、经验外,还利用计量模型筛选投资标的,其团队每日举行会议进行充分讨论,每星期出具信用报告,每月由投资委员会开会,监查所有的投资标的情况,就过去绩效而言,BCAM 运作良好稳定。

5.4.2 基础资产

基础资产包含银行贷款或高收益的债券,资产群的配置需符合资产管理协定的限制,其中需有 70%—100%属于有担保的贷款,0—30%可投资于中等信用品质的贷款或债券,但其中任一者不得超过 20%,资产管理人有权每年更换 20%的资产内容,但需要满足合格性准则及其他相关规定。不过,当资产碰到有违约或信用下降时,资产管理人可随时更换资产,不受前述 20%的限制。

---

① 杨晓坤:《债务抵押债券(CDO)及在中国的应用前景研究》,中国海洋大学 2008 年硕士学位论文。

5.4.3 交易证券内容与结构

表 5.4 交易证券内容

系列	金额	货币	评级	票息	到期日	系列	金额	货币	评级	票息	到期日
Class A	344 500 000	EUR	AAA	浮动	2014	Class C-4	10 000 000	EUR	A-	浮动	2014
Class B	84 800 000	EUR	AA+	浮动	2014	Class D-1	6 900 000	EUR	BBB	浮动	2014
Class C-1	6 670 000	EUR	A-	浮动	2014	Class D-2	8 300 000	EUR	BBB	零息	2014
Class C-2	11 000 000	EUR	A-	零息	2014	Class E	10 600 000	EUR	BB	浮动	2014
Class C-3	5 000 000	EUR	A-	固定	2014	次顺位债券	50 000 000		NR		

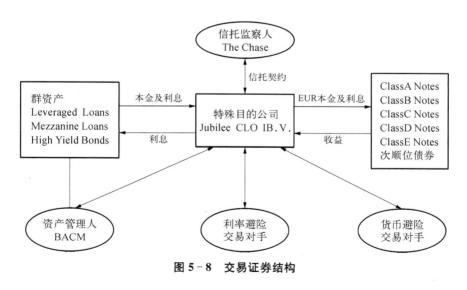

图 5-8 交易证券结构

5.4.4 交易分析

群资产的建置最长为 270 天,在此期间,资产管理人必须按照约定购置足够的资产。发行生效后至 2006 年 12 月,就进入所谓再投资期,在此期间内,所有群资产的本金因到期后,只有因为改善信用品质为目的的出售及未预期的赎回的本金部分可再投资,其他则需分配给投资人。同时,在发行五年后,其次顺位债券投资人可行使卖权,但必须有 66.6% 以上次顺位债券持有人的请求才可行使。一旦此卖权被请求成立,也就意味其他发行在外的证券系列先要进行赎回动作,即必须处分群资产,所得到的本金依信用评级的优先顺序分配,并在信用风险的保障措施中,引入"超额担保覆盖率"及"利息保障覆盖率"。

表 5.5 信用风险的保障措施

项 目	超额担保覆盖率	利息保障覆盖率
Class A/B Notes	107.33%	135.80%
Class C Notes	106.00%	131.50%
Class D Notes	105.00%	130.50%
Class E Notes	103.50%	127.70%

这两个比率需定期检测,当上述比率不满足时,发行人必须将利息或成本依信用等级顺序赎回市场上的债券,直到比率满足为止。例如,当 D 系列证券不能满足上述比率时,由次顺位系列及 E 系列(比 D 系列信用等级低的系列)的利息,依次赎回信用等级较高的证券,直到此比率满足为止。除了上述比率外,另外的保障措施尚有对分散性的要求及信用品质的要求。例如,基础资产的加权平均信用等级、加权平均回复率以及加权平均利差需维持一定水平。由于基础资产有 20% 为固定利率,而发行的证券有浮动利率的设计;此外,即使群资产为浮动利率,也有可能与证券发行的浮动利率的时间或基础利率(如 LIBOR or SIBOR)产生不能配合的情形。因此,为达到一定等级的信用评级,就需要有利率避险及上限的设计。此交易中,信用评级公司要求避险交易的对手至少有 F1+等级的评级,同时防患未然,另要求有避险交易的保证机制,以确保避险交易能够进行,为了降低汇率风险,货币交换就有其必要性。

第六章 合成 CDO

合成型 CDO 是通过信贷衍生工具将资产的信用风险从交易的发起人转移到投资者身上的证券化结构。根据有无资金支持可大致分为三类：① 无资金支持：信贷违约互换(CDS)；② 有部分资金支持：大部分超优先级互换(CDS 的一种)＋剩余部分信贷关联证券；③ 有完全资金支持：信贷关联证券(或称信用联结票据，CLN)。

6.1 信贷违约互换 CDS

6.1.1 信贷违约互换概述

信用违约互换建立在信用保护卖方和信用保护买方之间。买方通过定期支付一定的费用来获得卖方的信用保护(即或有支付)。若参考实体违约，卖方进行或有支付；若参考实体没有发生违约，卖方并不发生任何的资金支付。或有支付通常代表违约事件发生时参考实体的债权人所遭受的损失。当信用违约互换是一揽子信用违约互换时，则当一揽子信用中出现任何一笔违约，互换的卖方就必须向互换的买方赔偿损失。

1. 基础资产

债券、贷款等银行发行的想要将信用风险分离进行管理的信贷资产。

可被证券化的信贷资产具体要求可以概括为：

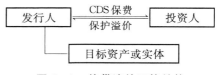

图 6-1 信贷违约互换结构

（1）基础资产需所有权明晰，有明确的信用级别，具有明确的抵押或担保支持

基础资产的权属明确是进行资产证券化的基础条件。为了便于信用中介机构对信贷资产进行评估，若将某项信贷资产作为基础资产进行证券化，该资产应具有明确的信用等级，具有相当变现能力的抵押或担保支持。

（2）信贷资产应当能够产生可预期的、稳定的现金流

预期稳定的现金流是资产证券化的本息支付的保障。只有具有预期稳定的现金流，才能吸引投资者进行认购，才能使特殊目的载体（SPV）正常地开展业务。评估某一证券化价值的最主要的要素，即该证券化的基础资产是否有可获得稳定现金流的历史数据。同时，是否能产生预期稳定的现金流也是进行风险承担预估的基本判断标准，当资产证券化产生的现金流为既定金额时，若现金流出现不稳定甚至断流时，发行人和担保机构将会面临支付风险或支付危机。

（3）作为基础资产的信贷资产必须具备一定存量

在组建资产池时尽量使资产规模足够大，有以下几点好处：能产生规模效应；在进行资产的整合和重组时可以更容易找到与之匹配的项目；对资产的组合可以尽可能满足各种条件，形成有效构建，扩充资产池，便于进行担保和信用增级。

（4）信贷资产需具备一定的可重组性

在资产证券化业务中要求资产池中的基础资产具备相近的风险、存续期限、收益水平等，只有这样才能够对基础资产进行准确的评估和信用评级，使对重组后的资产池的评估结果更为可靠。可靠地评估结果有利于投资者做出正确的投资决策，有利于发行者针对不同的投资者采取不同的策略，有利于发起人加快资金周转和融资效率。

2."真实出售"问题

基础资产并不需要从发起人的资产负债表中剥离,即不必构成真实出售,其目的不是为了资产负债表融资,主要是为了转移信用风险。

3.一揽子违约互换

（1）第 N 个违约互换

第 N 个违约互换是指信用保护卖方只需在第 N 个参考实体发生违约后再支付费用,不需要为其他(N-1)参考实体支付费用。一旦为第 N 个参考实体进行了支付,信贷违约互换合约即终止。即使其他先前没有违约的参考实体后来发生了违约,信用保护卖方也不需再进行任何支付。

（2）次级一揽子违约互换

在次级一揽子违约互换中有两个关键要素,即每个参考实体的最大支付金额和一揽子违约互换合约期限内的最大支付总金额。

（3）高级一揽子违约互换

在高级一揽子违约互换中,每一个参考实体都有一个最大金额的支付,但是只有当损失的额度达到某数额的时候,才需要进行支付。

假设一揽子违约互换所涉及的是同样的 5 个参考实体,如表 6.1 所示。

表 6.1 违约互换参考实体

违约造成的损失	金额（百万美元）
第一个参考实体	6
第二个参考实体	10
第三个参考实体	16
第四个参考实体	12
第五个参考实体	15

资料来源:法伯兹、戴维斯、乔德里:《结构金融导论》,东北财经大学出版社 2011 年版。

若为第一个违约互换,如果第一个参考实体发生违约,所需支付的最大金额是 600 万美元,合约即可终止。

若为次级一揽子违约互换,假设每个参考实体的最大支付金额是 1 000 万美元,最大支付总金额为 1 500 万美元。如果第一个参考实体发生违约,则需要进行 600 万美元的支付;如果第二个参考实体发生违约,只需要支付 900 万美元;互换合约终止。

若为高级一揽子互换,假设每个参考实体的最高支付金额为 1 000 万美元,直到违约损失达到 4 000 万美元时才需要进行支付。当第四个参考实体发生违约后,损失为 3 600 万美元(600+1 000+1 000+1 000),当第五个参考实体发生违约后,这 1 000 万美元中的头 400 万美元被用于加总到临界值 4 000 万美元中,使得出售方需要支付的金额总额达到了 4 000 万美元,共需支付 4 600 万美元;互换合约终止。

6.1.2 信贷违约互换设计

以 A 公司的一年违约互换为例,简要说明信用违约互换的合约要素(如表 6.2 所示)。我国投资者在实际设计该合约时,可根据合约要素做相应调整。

表 6.2 合 约 要 素

指 示 到 期	参 照 实 体	指 示 价 差
2017 年 2 月 10 日	A 公司	55 个基点/年

1. 一般条款

交易日期:例如 2016 年 2 月 10 日。

中止日期:规定中止日期。若在规定中止日后 T 个自然日或其之前发布信用事件的通知和公告,并且支付条件得以满足,则中止日期为首次满足支付条件的那一天。

规定中止日期:2017 年 2 月 10 日和信用事件日(如果发生的话)中较早的那一个日期。

卖方:例如银行。

买方:投资者。

计算代理方:被指定为交易计算代理方的一方(第三方),如银行。计算代理方的计算和决定应秉承忠实的原则,就商业角度而言合理的方式做出,并且要求没有明显的错误。

计算代理方所在城市：例如北京。

工作日惯例：中华人民共和国法定节假日及公休日以外的金融机构正常营业日。若遇非工作日，则顺延至下一最近的工作日。

参照实体：A公司。

参照价格：如100%。

参照债务：例如2017年3月20日到期的、利率为5%的A公司的债券。

名义额：10 000 000美元。

2. 买方支付

支付日期：例如每半年一次，2016年8月10日、2017年2月10日。直到规定中止日或满足付款条件之日两者中较早的一个为止。

固定利率：55个基点/年。

3. 信用事件条款

支付条件：例如在信用事件通知或公告信息通知的规定中止日后28天内或之前由买方或卖方交给另一方。一旦对信用事件的支付条款感到满意，则计算代理方将此告知各方，且各方应遵循结算条款。

信用事件通知：描述发生在交易日或之后，规定中止日或之前的信用事件的通知。

公告信息：确认有关信用事件通知中所描述的信用事件发生的信息已通过国际承认的电子信息渠道公布的公告。

信用事件：

① 不能支付：是指参照实体不能支付任何债务，且这种失败没有在10个工作日内得以修正。

② 破产：参照实体发行者被宣告中止业务（不是由于合并和兼并）；破产或无法支付债务或总体上无力偿还书面承认应付债务；以及出于其他目的的破产或无力偿还。

③ 重组：发生关于参照实体债务的弃权、延期、重组、搁浅、债务交换或其他调整，其后果是从信用或风险的角度而言，该债务的条款整体上对该债务的持有者来说都是不受欢迎的。

④ 拒付债务：参照实体整体或部分反对、否认、弃绝或拒绝任何物质方面的债务，或对其有效性提出挑战。

⑤ 支付要求：指约定金额，如 10 000 000 美元。

⑥ 违约要求：指约定金额，如 10 000 000 美元。

4. 结算条款

结算方法：实物结算或现金结算。

(1) 若为实物结算

应注明"如果满足了支付条件，买方有权将投资组合交割给卖方，卖方要在实物结算日支付给买方实物结算额。为了前述目的，该条款下任何交割都应建立在支付的基础上"。

实物结算日期：中止日之后的 X 个工作日或支付条件首次满足之后 X 个工作日。

实物结算额：双方协商确定。

可交割债务：参照债务。指参照实体的特定债务，这些债务是买方希望对冲或赢得控制的某种形式的金融工具。

投资组合：带有未清偿的本金余额的可交割债务。

(2) 若为现金结算

现金结算金额：① 名义额×(100%－市值)及② 0，两者之中较大的一个。

市值：如按市场上被认可的 3 个交易者对计算代理方在估价日所获名义额相等的未清偿的本金余额的参照债务的最高报价。假设少于 3 个交易者提供报价的话，则市值由计算代理方在另外的至少 3 个交易者提供报价的第二天指定。如果计算代理方不能在适用估价日后 28 之内计算出市场价格，计算代理方应合理斟酌，独立决定该估价日的市场价值。

估价日：第一次满足支付条件之日的第二个工作日。

现金结算日：估计日后 3 个工作日。

适用法律文件：ISDA。

5. 通告及账户详细情况

指电话、电传或传真号码及联系的详细办法，买方和卖方在银行的账户情况。

6. 其他条款

包括任何参照债务的变化及附加陈述和协议[1]。

---

[1] 关芳：《信用违约互换在我国的应用研究》，武汉大学 2004 年硕士学位论文。

6.2 信用联结票据 CLN

6.2.1 信用联结票据概述

信用联结票据是一种有价证券,在传统的固定收入结构中加入有效的违约互换,相当于是一种将信用风险和普通证券融合在一起的混合投资工具。证券的投资者是保护的卖方,证券的发行人是保护的买方。如果在证券的存续期内没有信贷违约事件发生,则到期支付给投资者证券的赎回价值,如果发生了信贷违约事件,则到期时支付给投资者小于面值的价值。

1. 基础资产

信用联结票据基础资产为信贷违约互换 CDS。CLN 作为担保债务凭证(CDO)的一个创新,与传统 CDO 存在着本质的差异,即发起人(如商业银行)与 SPV 交易的是信用违约互换(CDS),而 CDS 本身又是一种最常用的、最核心的信用衍生工具。所以,在信用联结票据的交易结构中,证券或风险暴露的所有权(如银行的贷款债权)与相应的经济风险相脱离,相应的经济风险被转移给了投资人。与信贷违约互换相同,其基础资产不构成真实出售,不需要从发起人的资产负债表中剥离,主要通过信贷衍生品以合成的方式实现,其目的不是为了资产负债表融资,主要是为了转移信用风险。

2. 信用增级

信用增级分为内部增级和外部增级。

内部增级指利用基础资产产生的部分现金流来实现自我担保。一般可以通过高级/低级参与结构、超额抵押、超额利差和利差账户等方式进行内部增级。

外部增级是指由第三方提供信用担保。一般包括外部现金准备账户、差价账户、第三方提供担保、保险等方式,可以通过证券评级解释相关基础资产的偿还能力。

6.2.2 操作实例

1. 有完全资金支持的合成型 CDO

第一,针对一个名义价值为 2 亿美元特定的资产组合(即参照实体,该资产组合既可能位于发起人的资产负债表内,也可能位于发起人的资产负债表外),发起人向 SPV 购买一个 CDS,发起人作为保险买方,定期向作为保险卖方的 SPV 支付保费,与此同时也将资产组合的信用风险转移给 SPV。

第二,SPV 以签订的 CDS 合同为基础,发行各级 CLN。其中,优先级证券获得 AAA 评级,价值 17 600 万美元,收益率为 LIBOR 加上 50 个基点;中间级证券获得 BBB 评级,价值 1 000 万美元,收益率为 LIBOR 加上 300 个基点;股权级证券没有信用评级,价值 1 400 万美元,收益率也事先不确定。

第三,SPV 向机构投资者销售上述各级证券。

第四,SPV 将销售 CDO 证券获得的 2 亿美元收入,投资于一个独立的抵押资产池,资产池中的资产均为 AAA 级无风险资产,如国债、货币基金等。

第五,如果参照实体没有发生违约事件,那么 SPV 将利用 CDS 保费以及抵押资产池产生的现金流,向证券投资者支付利息;如果参照实体发生违约事件,那么 SPV 将利用抵押资产池产生的收入或者利用出售抵押资产池中无风险资产的收入,向发起人进行赔偿。

第六,当 CDO 证券期限届满时,SPV 出售抵押资产池中所有资产,向投资者支付本金。

在 CLN 中,由于发起人已经将资产组合中的信用风险转出,从而降低风险资产的规模,也缓解了监管层对自有资本的压力。同时,由于信贷资产的债权本身并未发生转移,与 SPV 订立 CDS 合同也不需要通知借款人,从而避开了通知借款人的义务以及债务是否合法转移等法律问题。

2. 有部分资金支持的合成型 CDO

有部分资金支持的合成型 CDO 和有完全资金支持的合成型 CDO 的构造大致相同,唯一的不同在于第一步。发起人针对名义价值为 2 亿美元的资产组合(参照实体)的信用风险,订立两个优先次序不同的 CDS 合同。首先,发起人与超优先级投资者订立了价值 17 400 万美元的 CDS 合同;其次,发起人与 SPV 订立了价值 2 600 万美元的 CDS 合同。发起人作为保险买方,定期向超优先级投资者和 SPV 支付保费。一旦参照实体发生信用事件,那么首先由 SPV 向发起人支付补偿,只有当发起人的损失超过 2 600 万美元以上时,才由

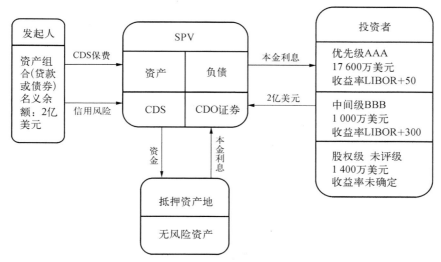

图 6-2 有完全资金支持的合成型 CDO

超优先级投资者向发起人赔偿。正是由于超优先级投资者受到了 SPV(以及 SPV 所发行的 CDO 证券投资者)的保护,因此超优先级投资者的保费收益率远低于各级 CDO 证券的收益率。如图 6-3 所示,超优先级投资者的收益率仅为 LIBOR 加 10 个基点,远低于优先级 CDO 证券的 LIBOR 加 50 个基点。由于 SPV 只承担了 2 600 万美元的风险头寸,因此 SPV 总共只发行了价值 2 600 万美元的 CDO 证券,包括 800 万美元的优先级证券、1 000 万美元的中间级证券以及 800 万美元的股权级证券。其余构造均与有完全资金支持的合成型 CDO 相同。

有部分资金支持的合成型 CDO 与单纯的 CDS 和单纯的 CLN 对比:

第一,有部分资金支持的合成型 CDO 与有完全资金支持的合成型 CDO(即 CLN)相比,其最大优势在于不需要充分融资。通过上述案例可以看出,发起人只需通过 SPV 发行价值 2 600 万美元的证券,就能管理 2 亿美元的信用风险头寸,而向超优先级投资者支付的 CDS 保费又显著低于向 SPV 支付的保费,这样便大幅降低了发起人的风险管理成本。

第二,有部分资金支持的合成型 CDO 与通过直接购买价值 2 亿美元的 CDS 保险相比,通过构造 CDO,使得绝大部分信用风险集中在股权级 CDO 证券中,从而为超优先级投资者乃至优先级和中间级 CDO 证券的持有者提供了

结构化融资工具案例分析

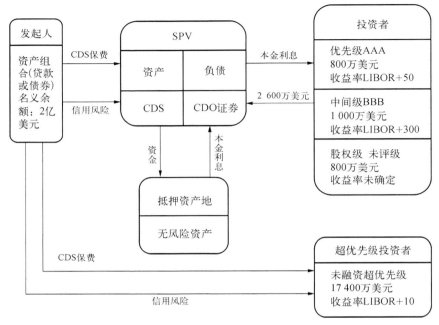

图 6-3 有部分资金支持的合成型 CDO

信用保护。这种内部信用增级措施能够显著提高超优先级、优先级和中间级的信用等级,从而有助于从整体上降低风险管理成本[①]。

6.3 会计问题

合成型 CDO 是一项表外业务,不会直接反映在交易双方的资产负债表和利润表中。但是由于交易费用(信用溢价)的支付会导致标的资产的价值出现持续性的下跌,按照会计配比原则,这一现象应该反映在买方的资产负债表中。就费用而言一般有两种处理方法:一是当年直接冲销;二是逐年摊销。由于费用的冲销方式可能会导致买方当年的利润发生变化,进而可能会影响到该银行或者其他金融机构的税收额的计量问题,因此为了反映该合同交易对买方的财务状况的影响,与合同的达成所造成买方信用敏感性资产市场价

---

① 张明:《透视 CDO:类型、构造、评级与市场》,《国际金融研究》2008 年第 6 期。

值的下降(内在价值)相对应的费用建议于当年全部摊销,剩余的部分(时间价值)则应按每年的资产价值的下跌额逐年摊销。

另一方面,会计报表中一般都会要求对表外业务进行披露。如果导致信用敏感性资产价值的下降会由该合成型 CDO 的价值予以补偿的时候,会计报表对该交易的披露将是必要的。

关于税收问题,这里所说的税项是指印花税、登记税、文件税或类似的税项以外的与协议项下任何付款有关的任何政府或其他税务机关征收的任何性质的现有或将征收的税项、征税、进口税、关税、收费评估或费用(包括其利息、罚款及附加费)。

税务的扣除与预提:

(1) 所扣税项补足

协议项下的所有付款应不因任何税项而予以扣除或预提,除非此扣除或预提是按当时有效的并经有关政府税务机关的惯例加以修正的适用法律的要求做出的。若一方被要求扣除或预提任何款项,则该方应该:

第一,及时将该要求通知另一方;

第二,当确定需要支付该扣除或预提款项或收到通知获悉已向另一方评核该款项时,应及时向有关政府机关支付所需扣除或预提的全部款项;

第三,及时向另一方发出正式收据(或经认证的副本),或另一方能合理接受的其他文件,证明已向有关政府机关付款;

第四,若该税为可获补偿税项,则除了支付给另一方其在本协议项下应得的款项外,还应向另一方支付额外款项,使另一方实得的净额(不包括评估的可获补偿税项)等于在不需要扣除或预提款项时其应得的全部款项。

(2) 责任

第一,应有关政府税务机关的惯例加以修正的任何适用法律的要求,一方需做出任何扣除或预,但按协议规定其无须向另一方支付任何额外款项;

第二,税务责任直接加于一方,则另一方除非已承担或将承担该税务所引致的责任外,另一方应及时向一方支付有关该责任的款项(包括任何有关利息)[1]。

---

[1] 关芳:《信用违约互换在我国的应用研究》,武汉大学 2004 年硕士学位论文。

6.4 法律问题

在合成型CDO的交易中,与定义信贷违约事件有关的法律问题是最为值得关注的。在许多交易中,发起人承担着决定信贷违约事件什么时候发生的责任,同时发起人也是保护的购买者,这就存在一个利益冲突问题。在过去的许多案例中,引起过诉讼的就是什么构成信贷违约事件。缺少清晰的法律界定就会引发冲突,因为保护的购买者认为某一特定事件的发生就是信贷违约事件从未要求保护支付但是保护的出售方却不承认。"信贷违约事件"的定义越宽泛,引发争端的风险就越大。因此触发信用风险的时间应在政府的法律文件中尽可能严密地进行定义。

大部分触发信贷违约事件的描述都包含于国际互换和衍生品组织(ISDA)所列出的信用衍生品定义中,包括:

① 破产;
② 并购前的信贷违约事件;
③ 交叉加速;
④ 交叉违约;
⑤ 信用评级降低;
⑥ 支付违约;
⑦ 拒付债务/停止偿付;
⑧ 重组。

其中也包括没有全面违约的情况,参考资产的债务人并没有违约但赔付会被强制执行。因此合成型CDO交易中投资者的风险是高于现金型CDO交易中投资者所承担的风险的。发行一种债券的信用评级并不会反映出ISDA所定义的所有信贷违约事件,因此特定评级下合成型证券遭受损失的可能性会高于同等情况下的传统证券。

《新巴塞尔资本协议》对市场风险有资本金的要求。在具体监管过程中,监管当局为防止银行和其他金融机构利用合成型CDO进行过度投机,会对资本金冲抵作种种限制。对于存在资产错配、货币错配和期限错配的信用风险对冲交易则不能完全用来冲抵对资本金的要求[①]。

由于我国金融市场发展较晚,合成型 CDO 相关法律法规不完备。同时,传统的监管手段也受到挑战:传统的财务报表不能体现许多与合成型 CDO 交易相关的业务,使经营透明度下降。同时,在 2008 年的美国次贷危机中,由于对信用评级的过度依赖以及对房地产的过度乐观预测,金融业对合成型 CDO 的过度使用对次贷危机造成了相当的催化加重作用,因此对合成型 CDO 风险的监管不能忽视。这里我国可以借鉴新加坡的监管模式,其主要特点是首先建立统一的法规体系,依法成立监管组织,培养相关人才,普及交易知识,然后再开展合成型 CDO 交易。

---

① 关芳:《信用违约互换在我国的应用研究》,武汉大学 2004 年硕士学位论文。

附录 图表目录

图目录

图1-1	银信合作模式交易结构1	5
图1-2	银信合作模式交易结构2	5
图1-3	银信合作模式交易结构3	6
图1-4	同业业务模式交易结构1	7
图1-5	同业业务模式交易结构2	8
图1-6	T+D模式同业业务交易结构	8
图1-7	资产证券化运作一般流程	11
图1-8	信托受益权资产证券化交易结构	16
图1-9	"信托+信托"模式的交易结构	23
图2-1	PPP项目资产证券化示意图	30
图2-2	"15开元3"的交易结构	35
图2-3	入池棚改贷款的还款来源	36
图2-4	"澜电收益"交易结构图	38
图3-1	资产证券化	51
图3-2	"15永盈1"交易结构	55
图3-3	"15永盈1"参照资产池前五大省份分布	57
图3-4	"15永盈1"参照资产池前五大职业分布	57

图 3-5	违约事件发生前现金流支付机制	60
图 3-6	违约事件发生后现金流支付机制	61
图 3-7	Class 2014-A9 Note 现金流结构	70
图 3-8	阿里 OI 现金流结构	70
图 4-1	租赁资产证券化运作流程	76
图 4-2	正常现金流分配下的流程	78
图 4-3	启动担保支持下的现金流分配流程	79
图 4-4	远东首期租赁收益专项资管计划	88
图 4-5	杠杆租赁证券化交易结构	96
图 5-1	抵押债务债券的发行	102
图 5-2	CDO 产品分类图	103
图 5-3	现金流型 CDO 的交易结构	104
图 5-4	利息现金流分配	107
图 5-5	本金现金流的分配	108
图 5-6	2005 年第一期开元信贷资产支持证券交易结构示意图	111
图 5-7	资产支持证券设立信托现金流分配管理流向图	116
图 5-8	交易证券结构	119
图 6-1	信贷违约互换结构	122
图 6-2	有完全资金支持的合成型 CDO	129
图 6-3	有部分资金支持的合成型 CDO	130

表目录

表 2.1	适合公司证券化的未来现金收入资产分类	26
表 2.2	"15 开元 3"项目概况	33
表 2.3	"15 开元 3"的基础资产池信息	35
表 2.4	分层证券	37
表 2.5	华能澜沧江水电收益专项资产管理计划项目概况	37
表 3.1	主要参与主体和主要职责	51

表 3.2	同类产品资产池信息比较	55
表 3.3	"15 永盈 1"产品要素信息	58
表 3.4	"15 永盈 1"未来现金流分布及本息预期回收情况预测	61
表 3.5	招商银行消费信贷偿付类型	69
表 3.6	信用增级方式	72
表 3.7	标准普尔利差账户样本	72
表 4.1	正常现金流分配下的现金流分配	78
表 4.2	启动担保支持下的现金流分配	79
表 5.1	资产池概况	112
表 5.2	入池资产借款人的信用等级	112
表 5.3	我国首笔信贷资产证券化产品——CDO 基本内容	113
表 5.4	交易证券内容	119
表 5.5	信用风险的保障措施	120
表 6.1	违约互换参考实体	123
表 6.2	合约要素	124